低成本＋高槓桿
＝輕鬆致富
我靠選對權證，
以小搏大翻倍賺！
最新增訂版

# 3天搞懂權證買賣

圖解

1000元就能投資，獲利最
多15倍，存款簿多一個0！

梁亦鴻／著

# 讓老師教你選權證

　　當臺股在 2019 年 10 月底突破 1 萬 1300 點行情，是近 29 年的高點；甚至權值王台積電股價也屢創新高，逼近 300 元，給人無比樂觀之際，卻又有人開始擔心，中美貿易戰、歐美貿易戰、英國脫歐歹戲拖棚等後續問題將何去何從？會如何影響走勢？股市已經在高檔震檔多時，會持續創新高，還是即將創高後拉回？投資人不免懷疑：「這時候，我是該進場？還是該退場？」這個問題沒有絕對的答案，因為每個人有自己的投資邏輯，就像在空頭時期，也有人賺錢；在多頭時期，也有人虧錢。重點是，你的理財知識力如何？

　　理財知識力，需要一點一點累積；而學習不同類型的金融商品，是累積理財知識力重要的一環。當一張股王的目標價遠比一輛雙 B 跑車要來得貴時，其實你不用望天（價）興嘆，因為透過權證這種金融商品，你也有機會參與股王的上漲行情；同時，你也有能力，透過權證去規避某些黑天鵝事件造成的金融衝擊。因為，權證是一種小資族可以輕鬆入門的金融商品。

　　這麼說來，「權證是什麼？」、「該怎麼選擇一檔好權證？」可能是你現在心中的疑問。在投資領域裡，你往往會遇到：想進場的時候沒膽量，想出場的時候沒力量。面對那麼多的專業術語，總是讓人心慌慌？到底該怎麼有效率地學「投資」？這時候，可以帶你進入投資殿堂的，非梁亦鴻這位已出版過許多「3 天搞懂」投資系列的良師益友莫屬。

　　「看似溫文，講起課來卻很犀利又專業。」這是理財課程學員對梁亦鴻老師的印象；「上過他的證券投資，長達一個月分的課程，收穫良多，有趣又好玩！」這是學員對梁亦鴻老師的評價。你很難把「證券投資」和「有趣好玩」

畫上等號，但梁亦鴻老師對於投資理財的授課，的確有這般功力！

沒有誇張的頭銜，沒有包裝過度的封號，梁亦鴻老師頂著完整的資歷，簡潔有力的分析，輕鬆易懂的口條，不論是菜籃族還是菜鳥族，都可以輕易領悟投資的個中訣竅。所以只要梁老師一開課，通常是一位難求。

現在，讀者們有福了！梁老師在《3 天搞懂權證買賣》中，將為你詳細介紹權證這項投資商品。而選擇優良的權證，絕不是隨便套用公式就好，而是需要跟對老師、建立正確觀念。梁老師說：「選對了權證，獲利會是股票的數倍；選錯了權證又不停損的話，很可能會苦吞『歸零膏』！」投資人在買賣權證時，千萬要牢牢記住這句話，才不會踩到地雷捶心肝喔！

該怎麼投資權證？透過這本書，梁亦鴻老師一定可以給你完整的答案。

序　讓老師教你選權證 --------------------------------- 2

**第1小時　認識權證的意義和特性**

權證初相識 ------------------------------------- 12

股票可長抱，權證只打短線 ------------------------- 16

受小資族青睞，以小搏大翻倍賺 --------------------- 18

**第2小時　看懂權證的身分證**

國內權證為 6 位數編碼，有「P」就是認售權證 ----------- 22

一般型權證易上手，界限型、重設型難度高 ------------- 25

發行張數與行使比例，投資前須注意 ----------------- 30

「美式」隨時可履約，「歐式」僅限到期日 ------------- 31

## 第3小時　特殊的牛熊證與存股證

看多選牛證，看空選熊證 ----------------------------- 34

和標的物股價連動高，漲跌比例趨於 1 ------------------- 37

時間價值流逝，牛熊證較一般權證敏感 ----------------- 39

新興權證「存股證」，漲跌皆為股價二倍 --------------- 42

用半價投資股票，兼具停利停損功能 ------------------- 46

## 第4小時　權證的交易規則

權證與股票跳動單位，最小為 0.01 起跳 ----------------- 50

買賣或履約，均收取手續費 1.425‰ ------------------- 52

「第一次就上手」專欄

NO.1 投資國際化的海外權證----------------------------- 58

目錄

第2天 如何買賣權證

## 第1小時　影響權證價值的因素

權證價值影響因素，關注五大要點 ----------------------------- 64

價平／外／內，僅價內權證有履約價值 ------------------- 67

量先價行，有量才有價 ------------------------------------- 72

量價背離，風險大的高價股 ------------------------------- 74

量價 VS. 個股，基本面和話題性並非與股價成正相關 ----------- 77

## 第2小時　如何評價權證

篩選權證前，要先慎選券商 --------------------------------- 78

好券商要件一：隱波率低且穩定，價差比小 ---------------- 79

好券商要件二：權證選擇性和報單量要充足 ---------------- 81

好券商要件三：客服好且關心權證漲跌情況 ---------------- 84

四大要點，幫你挑出會賺錢的權證 ------------------------- 88

權證貴不貴？二種指標數值幫你檢視 -------------------- 93

第**3**小時　免費軟體聰明選

不必大海撈針，善用軟體選權證 -------------------------- 94

沒頭緒，可從「基本面」、「概念股」開始挑------------- 98

快閃一族，可選擇短天期權證 -------------------------- 99

跟著市場走，鎖定買氣與人氣 ------------------------- 101

鄉民討論區，各券商與權證好壞一覽無遺 --------------- 105

第**4**小時　權證的停損與停利

權證獲利靠價差，長抱只會損失時間價值 -------------- 108

大戶的大單別亂跟，恐成「隔日沖」受災戶 ------------- 111

「第一次就上手」專欄

NO.2　權證資訊哪裡有？------------------------------114

目錄

第3天

進出場的策略

## 檢視個股的基本面

從「綜合損益表」看個股獲利能力，首重 EPS ---------- 122

預防黑字倒閉，「資產負債表」看應收帳款 ---------- 127

強勢股要件一，本益比（P/E）<15 ---------- 132

強勢股要件二，股東權益報酬率（ROE）＞ 15% ---------- 136

強勢股要件三，股價淨值比（P/B）＜ 2 ---------- 137

跟著流行走，冷門股變搶手貨 ---------- 138

## 檢視個股的技術面

量價與時間二大因素，影響技術分析結果 ---------- 142

從 K 線圖掌握價與量，小心主力的騙線 ---------- 143

MA 移動平均線，用月線評斷做多還是做空 ---------- 146

買「購」還是買「售」？用 MACD 指數判斷多空趨勢 ---------- 151

DMI 趨向指標，掌握買賣勢力 ---------- 155

RSI 和 KD 會「鈍化」，須配合 MACD 和 DMI 才準確 ---------- 159

物極必反，BIAS 乖離率同時掌握成本與趨勢 ---------- 166

## 檢視個股的籌碼面

多頭有人賠，空頭也有人賺 ----------------------- 170

看懂主流，掌握外資買賣超的動向 ----------------- 172

買得到、賣得掉，國安基金和法人專情權值股 -------- 176

大股東持股銳減與常換查帳會計師，具有重大意涵 ------ 181

地雷股避而遠之，首重檢視負債比 ----------------- 183

現金流量增加與低負債比，遠離危險雞蛋水餃股 ------- 185

花無百日紅，強勢股崩盤前有徵兆 ----------------- 186

## 進出場的時機點

財報與法說會，進出場最佳契機 ------------------ 188

景氣領先指標，預知未來景氣好壞 ----------------- 192

景氣對策信號，逆勢操作股海買賣指標 ------------- 195

貨幣總計數 $M_1B$，瞭解股市的資金動向 ----------- 197

匯率影響跨國企業營收，股價因此受牽動 ----------- 202

量化寬鬆政策印鈔機，美股開紅盤的強心針 -------- 203

世界股市風向球，Fed 會後聲明透露未來景氣 ------- 205

「第一次就上手」專欄

NO.3  權證投資模擬網站 ---------------------- 206

# 一輩子受用的權證筆記

梁亦鴻老師在這本《3天搞懂權證買賣》中，按照3天12個單元的方式，按步就班解說有關權證的各項知識與常識。梁老師在各大金融機構與大專院校擔任講師，教學經驗豐富，最清楚投資新手會有的困擾和盲點。

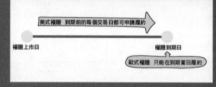

**1** 書中完整記錄菜鳥與專家的一問一答，也將新手不熟悉的專有名詞解釋，以上課寫筆記的方式在邊欄加註。

**2** 把似懂非懂的概念圖像化、視覺化，有助於正確理解並記起來。

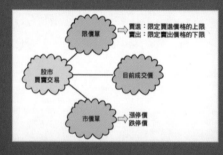

**3** 最後還示範了做筆記的方法，原本以為一輩子也搞不清楚的理財知識，都能化作簡單易讀的筆記。

讓原本難懂的投資大小事變得容易上手，開始真正思考買賣權證的策略，懂得收集有用的資料，判別媒體給的資訊。這些都是本書期望帶給讀者的價值。

最後，更希望讀者能在書中的橫條筆記頁，記錄自己的操作心得，讓這本書成為你最完整、最好用的100%權證獲利筆記！

第1天

# 投資權證
# 有什麼好處？

低成本，高槓桿，最適合小資族投資的金融商品，莫過於「權證」。買不起股票沒關係，只要瞭解權證，就能用更少的資金，同步參與股市行情，獲得比股海更大的利潤。

 第1小時　認識權證的意義和特性

 第2小時　看懂權證的身分證

 第3小時　特殊的牛熊證與存股證

 第4小時　權證的交易規則

# 認識權證的意義和特性

權證是一種衍生性金融商品，主要目的就是未來可以用某一「約定股價」買進或賣出標的股票的權利。和股票比起來，權證的投資成本小、槓桿比例高、風險有限；但是權證有時效性，到期歸零，這也是權證最大的投資風險！

單元重點

· 權證，就是擁有可以換取／賣出股票的權利
· 可以小搏大，交易成本比股票低
· 看多，買「認購權證」；看空，買「認售權證」

聰明運用權證的槓桿效應，小資族也能致富

**觀念速解**

**認購權證**

Call Warrant，持有人可在約定期間或到期時，按約定價格向發行人購買標的證券的權利。股票上漲時，認購權證會上漲。

**觀念速解**

**認售權證**

Put Warrant，持有人可在約定期間或到期時，按約定價格向發行人賣出標的證券的權利。股票下跌時，認售權證會上漲。

## 權證初相識

**Q** 什麼是「權證」？

**A** 簡單來說，權證的定義就是「投資人以支付權利金的方式，在到期日或是特定時間內，以履約價格向發行人要求購買或賣出股票的權利。」所以，權證，等於是一種可以在未來某一特定日期，或某一特定期間買賣標的個股的權利金。權證的交易方式，類似「選擇權」的概念，它有自己的專有名詞：買「買權」叫做「認購權證」（Call Warrant）；買「賣權」就是「認售權證」（Put Warrant）。

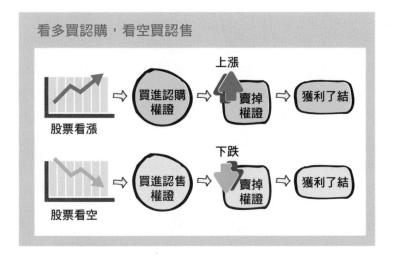

看多買認購，看空買認售

股票看漲 → 買進認購權證 → 上漲 賣掉權證 → 獲利了結

股票看空 → 買進認售權證 → 下跌 賣掉權證 → 獲利了結

## ⓠ 可不可以解說一下「認購權證」？

ⓐ 舉例來說，假設現在有一個房屋仲介跟 A 買家說：「這裡未來會有捷運經過，所以這裡的房價價值 1000 萬！」但是 A 買家半信半疑，於是他說：「這樣子好了，我先給你 10 萬元當作是 權利金 ，買一個權利，給我一個星期的時間考慮，如果我決定不買 ( 例如發現根本不會有捷運經過，純粹是房仲哄抬房價的噱頭 )，這 10 萬元你就沒收。如果我想買這間房子（例如果真有確切消息放出來，捷運會在這裡設站，使得房價跟著水漲船高，超出 1000 萬了），一個星期之內，你都必須用 1000 萬的房價賣我！」這 10 萬元就是權利金，1000 萬是 履約價 ，一個星期是可以履約的存續期間。類比到權證來說，A 買家花了 10 萬元的權利金，買進一個可以在一星期內，始終可以用 1000 萬元「買」房子的「權」利，這就是「認購權證」的概念。

如果其他的買家聽到風聲，也想買這間房子，大家開始喊價，但是因為 A 買家已經付了權利金，所以有權利在一個星期內，用 1000 萬元的價金，跟仲介買房子；即使房價已經喊到 1200 萬，A 買家還是可以用 1000 萬買到這間房子。相反地，當 A 買家發現捷運不會通過，消息是錯誤的，隔天

觀念速解

**權利金**

買進權證所需支付的價金。權利金包括內含價值與時間價值。

觀念速解

**履約價**

未來向發行商申請履約時，買進或賣出標的物的價格。

其他人也發現這件事了，房價開始往下跌，這間房子根本不需要 1000 萬就買得到時，A 買家就會慶幸自己沒有作出衝動的決定，導致自己住進「高檔套房」。

而如果 A 買家打算不履約──也就是不買房子，那麼 10 萬元的權利金就歸給房仲；因為如果打算履約，就必須再出 1000 萬的履約價把房子買下來，還好 A 買家及時踩煞車。這時候，A 買家賠掉的只是 10 萬元權利金。

**Q** 那「認售權證」又是怎樣的概念呢？

**A** 我們一樣用賣房子的例子來說明。假設建商蓋好一批住宅，共有 100 戶，但正好政府實施打房政策，調高貸款條件，建商擔心房子會賣不出去，更何況建商也不想虧錢賣屋，只好找來代銷公司賣房子。建商跟代銷公司談定條件，建商每一戶都給代銷公司 10 萬元的權利金，約定未來的半年內，建商都可以每戶 1000 萬的房價賣給代銷公司；即使房價崩跌，代銷公司還是要用 1000 萬跟建商買房子。

假設央行打房打得很激烈，房價一直掉，價格低於 1000 萬元時，建商就會履約，把房子用 1000 萬賣給代銷公司。假設央行打房措施無效，房價持續上漲，每戶漲到 1200 萬，建商就會選擇自己賣房子，這樣可以多賺一點；這時候建商寧可每戶賠 10 萬元給代銷商，也會選擇不履約，用小賠換取大賺！

所以，如果有人會選擇「認購權證」，是代表看好未來標的的走勢。相反地，看壞未來標的的走勢，就會選擇「認售權證」。

認購權證的概念

A買家　10萬元權利金/履約價1000萬元　房仲

狀況1

看好走勢履約　一個星期內房價1000萬上漲到1200萬　扣除權利金後，獲利190萬元

狀況2

看壞走勢不履約　一個星期內房價下跌低於1000萬　損失10萬元

**Q 可是，權證是由誰發行的呢？**

**A** 權證的發行者，是標的證券公司以外的第三者，通常由券商發行；而權證，就是行使權利的證書。權證重要的基本元素，包括認購或認售、上市日期、最後交易日、到期日、履約價、發行張數等等，都會在公開說明書上寫清楚。而權證連結標的的種類，通常是股票、 ETF 及指數。所以有些

觀念速解

ETF

Exchange Traded Fund，中文稱為「指數股票型證券投資信託基金」，簡稱為「指數股票型基金」。ETF 集股票和指數基金的特點於一身，由於費用低廉、多元化投資、交易具有靈活性，是愈來愈受歡迎的投資工具。

人會說,沒錢投資股票,可以選擇投資權證,就是這個道理,因為權證是間接投資股票的一種工具。

因為投資人不用準備一筆錢,買進一整張股票,只要花小錢投資權證,看漲時,就選擇認購權證;看跌時,就選擇認售權證,就可以和股票一樣,獲得多空操作的利潤。

## 股票可長抱,權證只打短線

**Q 那麼權證和股票有什麼不同?**

**A** 簡單來說,股票是屬於公司籌資的工具,而權證是屬於一種避險與套利的衍生性金融商品。股票是股份公司為了籌集資金,發行給股東作為持股憑證,因此而可以分紅或配股的一種有價證券;權證則是券商發行給投資人,作為換取／賣出有價證券的憑證。如果權證連結的標的是股票,一般來說,股價上漲,權證也會上漲;股價下跌,權證也會跟著跌。只不過,漲幅和跌幅不會一樣。

此外,以時間性來說,除非遇到下市,否則股票沒有存續時間的限制;而且,股票可以融資、融券,漲跌幅限制為百分之十。權證存續期間多數短則三個月、長則半年,不能融資、融券;此外,依照所連結標的的不同,通常漲跌幅會遠大於百分之十。至於證交稅,股票的證交稅率為千分之三,權證則是千分之一。

**Q 所以,沒有錢投資股票,就可以選擇投資權證囉?**

**A** 是的。假設投資人看中某檔千元的股票,股價是 1100 元,那麼買一張股票是 110 萬台幣;如果之後漲停我就可以賺到 11 萬,但如果是跌停,我也得賠 11 萬。股價很高,風險也很高,因此會讓多數人買不下手,這時候就可以選擇認購權證。

## 股票、融資券、期貨、權證有何不同？

| | 股票 | 融資券 | 期貨 | 權證 |
|---|---|---|---|---|
| 槓桿倍數 | 1 倍 | 2.5 倍 | 8 ～ 12 倍 | 數倍以上 |
| 資金需求 | 高 | 中 | 低 | 低 |
| 最大損失 | 投資成本 | 投資成本<br>+<br>追繳保證金 | 投資成本<br>+<br>追繳保證金 | 只限於權利金 |
| 保證金追繳 | 無 | 有 | 有 | 無 |
| 投資期間 | 無限期 | 半年，可延長<br>至一年 | 每月更新 | 約 180 天 |
| 交易稅 | 3‰ | 3‰ | 10 萬分之 2 | 1‰ |
| 漲跌幅 | 10% | 10% | 10% | 隨標的股不同而不同，<br>超過 10% |

假設投資人看到某家證券公司說，只要花 1 萬元就可以買到這檔千元高價股的權證，好處是在未來的半年內，投資人始終可以用每股 1200 元買到這檔個股 100 股。因此，如果這檔個股的股價在半年內漲到 1300 元，投資人就可以履約，用 1200 元換到市價 1300 元的股票。而萬一這檔股票的走勢不如預期，投資人可以選擇不履約，也頂多損失之前買進的權利金 1 萬元而已，不用住進套房。這就是認購權證的魅力所在。

券商現在都把權證的權利金壓得很低，讓價格變得很親民；但相對地，能夠買到或賣出的股數就很少。例如：如果 1 萬 5000 元可以買到 1000 股，那麼 1500 元就只可以買到 100 股；投資人看到投資金額低，說不定就心動了。券商就是利用化整為零的概念在銷售權證。有的權證便宜到一張只要 500 元，甚至更低！至於可以買到幾股？就要看條款怎麼寫了。

觀念速解

**下市**

指原本發行的股票從公開市場下市。

證交所先前規定，上市公司如果淨值轉為負數，或因退票而遭到拒絕往來，必須強制下市。但 2020 年 4 月 1 日開始實施新的退場機制，上市公司如發生遭會計師出具經營能力存在重大不確定性的查核報告，或者每股的淨值低於 3 元等情形，且在規定時間內未能改善，將面臨強制下市的命運。

## 受小資族青睞，以小搏大翻倍賺

**Q** 投資權證的優點有哪些？

**A** 以剛剛的例子來說，權證的優點就是以小搏大。此外，權證還有如下的優點：

### ① 低投資門檻

以臺股來說，想要買進一張現股至少是萬元起跳，甚至還有上百萬元的股票，讓許多想要參與股市行情的小資族只能望之卻步。但是，有不少權證一張的價格，不用破萬元，而且投資槓桿高。以每張一元的權證來說，代表投資者只要花1000元就能買進一張權證。只不過，太便宜的權證也不見得好，因為它有可能是即將到期、沒有人要交易的權證，所以價格才會便宜到不可思議。有關如何避免挑到即將下市的權證，苦吞「歸零膏」，我們之後會有專章討論。

### ② 操作靈活

股票可以做多，也可以做空；也可以藉由權證參與個股的漲跌行情。看多個股，就買進認購權證；看空個股，就買進認售權證。對於投資人來說，多空之間的操作，可以獲利也可以避險，相當具有彈性。

一般來說，權證的價格和標的股票價格走勢，具有某種程度的關連性。假設某檔股票，投資人因為看好它中長期的走勢而買進，但是卻又擔心短期股價走跌，造成帳面虧損，此時，就可以選擇買進連結這檔股票的認售權證，當作避險的工具。如果該檔股票短期內股價沒有下跌，那麼投資人只有損失權證的權利金；倘若該股短期內真的下跌，現股在帳面上雖然是虧損，但在權證這部分，就可以賺一筆，以彌補股票的虧損。

### ③ 交易成本相對低

股票賣出時的證券交易稅為千分之三，但是權證的交易稅只有千分之一。對於習慣短進短出的投資者來說，權證的交易成本比股票的交易成本來得低廉許多！

### ④ 槓桿效益大，可控制最大損失

假設投資人錯估行情，最大損失就是一開始所付出的權利金，如果跟投資現股相比，一賠動輒就是幾十萬，權證的損失相對較輕；此外，權證也沒有融資、融券追繳保證金的壓力。假設投資人抓對方向時，權證的獲利倍數可以是數倍，尤其連結的股價有大幅漲跌趨勢時，更有獲利加碼效果。因此，權證若是操作得當，所帶來的獲利也是不容小覷！

**Q** 如此來說，投資權證穩賺不賠嗎？還是它其實暗藏了哪些風險？

**A** 權證確實具有高槓桿的效果，但也不能保證穩賺不賠，甚至於它具有股票沒有的風險。例如：

### ① 信用風險

因為權證是由券商發行，如果券商的財務有問題，當它所發行的權證無法照條件履約時，投資人就會有所損失。

### ② 時間風險

多數權證的存續期間，短則三個月，長則半年左右，並不像股票可以長抱，即使連結的標的股票價格不動，權證的權利金也會隨著到期日的接近而下降；尤其在價外狀態時（所謂價外，就是根本沒有履約價值），權利金的價值更是趨近於零。因此，當權證愈接近到期日時，履約價值就會愈低。

重點　　權證是一種有到期日的商品，由「內含價值」+「時間價值」構成認購權證的價格。愈接近到期日，權證的時間價值愈趨近於零；權證一旦過期就完全沒有價值，投資人的投資金額將會泡湯。

權證風險，不可不知

信用風險

時間風險

流動風險

### ③ 流動風險

交易權證就如同交易股票，冷熱不一；有的成交量大、交投熱絡，有的成交量低、乏人問津。臺灣目前上市權證超過萬檔，每天成交量是零的權證，有時超過 500 檔；通常接近價平（就是股票的市價等於履約價）的權證，流動性會比較好。由於權證不如股票普及，新手在選擇投資權證之前，最好關注權證流動性的問題。

**重點** 買賣價差小、掛單量大，且與標的股票連動密切的權證，它的流動性佳，買賣成交機會大，能反映出市場應有的波動率，適合短線交易。反之，買賣價差過大、掛單量少，且與標的股票連動不良的權證，它的流動性差，無法準確反映出市場應有的波動率，可能導致投資人無法及時出場，蒙受損失。

#### 衡量權證價值的指標

| | | |
|---|---|---|
| **價內** 權證 | 標的股價＞履約價格的認購權證<br>標的股價＜履約價格的認售權證 | （有內含價值） |
| **價平** 權證 | 標的股價＝履約價格的權證 | |
| **價外** 權證 | 標的股價＜履約價格的認購權證<br>標的股價＞履約價格的認售權證 | （無內含價值） |

**價內**

In-the-money，ITM。標的股價高於認購權證履約價或低於認售權證履約價。

**價平**

At-the-money，ATM。標的股價等於認購權證履約價或認售權證履約價。

**價外**

Out-of-the-money，OTM。標的股價低於認購權證履約價或高於認售權證履約價

# 看懂權證的身分證

權證的命名是有玄機的，因為從名稱就可以看出這檔權證由哪家券商發行？是認售權證？還是認購權證？此外，權證還分成「基本型」、「上下限型」、「重設型」等等。限制愈多的權證，相對操作度愈複雜，愈須要多花心思去瞭解權證的內涵。

單元重點

・基本型權證較易懂，最適合新手上路
・重設型權證履約價不斷修正，操作難度高
・個股或指數，均為權證連結標的選項

## 國內權證為 6 位數編碼，有「P」就是認售權證

**Q 權證的名稱有數字、有英文，這些符號代表什麼意義呢？**

**A** 我們大約將權證的分類成「國內權證」、「國外權證」以及「牛熊證」。

### ① 國內權證

證交所為提昇權證資訊取得之方便性及完整性，自 105 年 6 月 27 日將採用新編訂的權證簡稱編碼規則。權證簡稱將由 6 個位元組，擴充至 16 個位元組，且權證簡稱中將揭露包括權證標的、發行人、到期年月、權證類型等資訊。

新制權證簡稱編碼規則如下：

| 標的 | 首 6 位元組（至多 3 個中文字）。 |
|---|---|
| 發行商 | 次 4 位元組（2 個中文字）。 |
| 到期年分 | 次 1 位元組（1 個阿拉伯數字，以民國年最後 1 位數表示，例如民國 104 年以「4」表示）。 |
| 到期月分 | 次 1 位元組（1 個阿拉伯數字，1 月至 9 月以「1、2、3、…9」表示，10 月、11 月及 12 月以「A、B、C」表示）。 |
| 權證類型 | 次 2 位元組（1 個中文字，以「購、售、牛、熊、展」表示）。 |

| 權證序號 | 末2位元組（2個阿拉伯數字，依同一發行人發行同一到期年月之相同標的權證之順序以「01、02、03、…99」表示）。 |
|---|---|

　　舉例來說，群益證券公司第3檔發行以台積電為標的且於民國109年3月到期之認售權證，則該檔權證之簡稱為「台積電群益93售03」。

　　此外，如果進入各券商的官網裡查詢，將會看到更多、更詳細的資料。假設你進入群益證券的權證網頁，你可以進一步看到該券商發行的權證的成交量。比較特別的是，多數的權證各種英文字母都有；不過，只要第六碼上有P，就代表這檔權證是認售權證 。例如台積電群益93售03（代碼：03623P ，參考下圖及P.24圖）就是一檔以台積電股價為標的之認售權證，而國內的認售權證，第6碼固定為「P」。所以，投資人只要看到P，就可以知道是認售權證了。

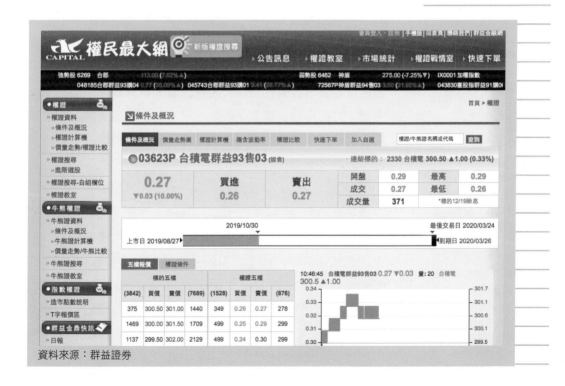

資料來源：群益證券

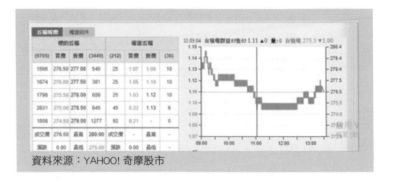

資料來源：YAHOO! 奇摩股市

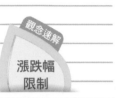

## ② 國外權證

海外標的權證，前 5 碼一樣是數字，但是，認購權證和認售權證的英文代碼卻不一樣！「認購權證」第 6 碼為「F」，編號從 03001F 至 08999F。而「認售權證」第 6 碼為「Q」，編號從 03001Q 至 08999Q。要特別注意的是：因為國外權證之連結標的是「外國證券」或「指數」，因此，它們的交易及履約型態，有別於一般以國內證券或指數為標的之權證。例如，這類權證交易無 漲跌幅限制 、外國證券交易市場休市或中場無交易時，其 流動量提供者 將不提供報價、限發行以現金結算之歐式權證等；且因履約價格以原幣別訂定，到期履約時，其履約價格須先乘以當天臺灣銀行即期匯率之中價，再計算履約價值。因此，投資人在投資前須詳閱該類權證之公開銷售說明書，以免引起不必要的糾紛。（資料來源：臺灣證券交易所）

## ③ 牛熊證

牛證和熊證兩者加起來，簡稱牛熊證。牛證的第六位數為 C（cattle）；熊證的第六位數為 B（bear）。牛熊證在上市和上櫃的代碼是不同的！上市的部分，牛證代號為 03001C 至 08999C；熊證代號則是從 03001B 至 08999B。至於上櫃的部分，牛證代號自 70001C 至 73499C；熊證代號自 70001B 至 73499B。但牛熊證近來不受國內投資人的青睞，逐漸喪失熱度，因此發行檔數已經相當少量。

## 權證代號分類

| 認購權證 | 代號 6 碼，編號自 030001 至 089999 |
|---|---|
| 認購權證 | 代號 5 碼加上英文字母 P，編號自 03001P 至 08999P |
| 以外國交易所之指數或有價證券作為標的之認購權證 | 代號 5 碼加上英文字母 F，編號自 03001F 至 08999F |
| 以外國交易所之指數或有價證券作為標的之認售權證 | 代號 5 碼加上英文字母 Q，編號自 03001Q 至 08999Q |
| 牛證 | 代號 5 碼加上英文字母 C，編號自 03001C 至 08999C |
| 熊證 | 代號 5 碼加上英文字母 B，編號自 03001B 至 08999B |
| 展延型牛證 | 代號 5 碼加上英文字母 X，編號自 03001X 至 08999X |
| 展延型熊證 | 代號 5 碼加上英文字母 Y，編號自 03001Y 至 08999Y |

資料來源：TWSE 臺灣證券交易所

## 一般型權證易上手，界限型、重設型難度高

**Q 權證的專業用語也不少，有哪些是必須要瞭解的呢？**

**A** 沒有錯。要瞭解權證之前，就要先看懂權證的「身分證」。首先，透過圖表的基本條件部分，我們先來搞清楚權證的一些專有名詞和意義。

### 權證型態：

**一般型權證：**

這一類的認購權證和認售權證，持有人在權證 存續期間 內，可以依照履約價向券商買進或賣出標的股票，也可以用現金結算方式賺取差價。

**界限型權證：**

這一類的權證分為「上限型認購權證」與「下限型認售權證」兩種。在存續期間內，當標的股票收盤價高於或等於發行時所設定的上限價，或是低於或等於發行時設定之下限價時，即為到期，券商就必須以當日標的股票的收盤價，結算差額給投資人！

觀念速解

**存續期間**

權證上市日至到期日之期間。通常在半年左右。

① **上限型認購權證：**這一類的權證訂有上限價格，一旦標的股價觸及上限價格，則視為到期，自動結算，投資人賺的就是上限價格和履約價之間的價差。

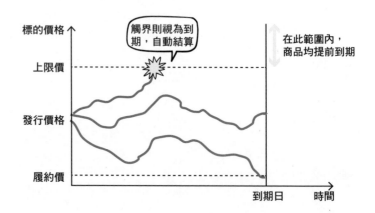

## 上限型認購權證試算

某檔權證為上限型認購權證，標的證券為南亞，其發行條件如下所列：

- 發行價格：新臺幣 2.638 元，即發行日前一交易日標的證券收盤價的 5.43%。
- 發行溢價及成本槓桿：發行溢價為 5.43%，成本槓桿為 18.41。
- 履約價格：新臺幣 60.75 元，即發行日前一交易日標的證券收盤價之 125%。
- 上限價格：新臺幣 91.12 元（即履約價之 150%）
- 履約期間：自本認購權證在交易市場上市買賣之日起至存續期間屆滿或視為到期日止。
- 行使比例為 1：1，每一單位認購權證表彰一股標的證券。
- 履約給付方式：證券給付，但發行人得選擇現金方式履約。權證到期屬價內權證具履約價值時，投資人未及時申請履約者，發行人將以權證到期日標的證券之收盤價自動現金結算。當本認購權證標的證券收盤價高於或等於上限價格，即視同該權證到期，一律自動辦理現金結算作業。
- 投資人未來行使履約權利，每單位權證所能獲得之最大報酬為 30.37 元（91.12 元－60.75 元＝30.37 元）。

② **下限型認售權證：**當標的股價觸及下限價格，就視為到期，自動辦理結算，投資人賺取的就是權證的下限價格和履約價之間的價差。

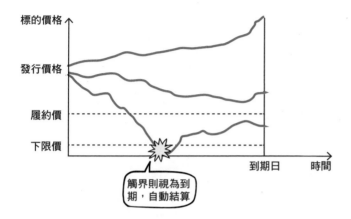

## 下限型認售權證試算

某檔權證為下限型認售權證，標的證券為台化，其發行條件如下所列：

- 發行價格：新臺幣 1.312 元，即發行日前一交易日標的證券收盤價的 2.7%。
- 發行溢價及成本槓桿：發行溢價為 2.7%，成本槓桿為 37.03 倍。
- 履約價格：新臺幣 38.88 元，即發行日前一交易日標的證券收盤價之 80%。
- 上限價格：新臺幣 19.44 元（即履約價之 50%）。
- 履約期間：自本認購權證在交易市場上市買賣之日起至存續期間屆滿或視為到期日止。
- 行使比例為 1：1，每一單位認購權證表彰一股標的證券。
- 履約給付方式：證券給付，但發行人得選擇現金結算方式履約。權證到期屬價內權證具履約價值時，投資人未及時申請履約者，發行人將以權證到期日標的證券之收盤價自動現金結算。當認購權證標的證券收盤價，低於或等於下限價格，即視同該權證到期，一律自動辦理現金結算作業。

對於該檔權證的投資人而言，若未來行使履約權利，每單位權證所能獲得之最大報酬為 19.44 元（38.88 元－ 19.44 元＝ 19.44 元）。

③ **重設型權證：** 這一類的權證，履約價是可以向上、向下調整的。就認購權證而言，當標的股價下跌觸及契約所規範的重設價位時，重設型權證履約價格將向下重設，具有下檔風險之保護，投資人較不易因為標的股價跌幅過大，而遭受損失；反之認售權證亦然。

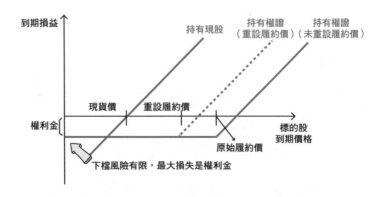

## 重設型權證釋例

某檔權證為重設型認購權證，發行條件如下所列：

* 發行條件：新臺幣 1.03 元，即發行日前一交易日標的證券收盤價的 1.393%。
* 發行溢價及成本槓桿：發行溢價為 1.393%，成本槓桿為 7.18 倍。
* 履約價格：新臺幣 103.60 元，即發行日前一交易日標的證券收盤價之 140%。
* 重設條件：掛牌日當天標的證券收盤價之 120% 低於原始履約價格，則履約價格重設為掛牌日當天標的證券收盤價之 120%。
* 行使比例為 1：0.1，每一單位認購權證表彰 0.1 股標的證券。
* 履約給付方式：證券給付，但發行人得選擇現金結算方式履約。權證到期屬價內權證具履約價值時，投資人未及時申請履約者，發行人將以權證到期日標的證券之收盤價自動現金結算。

如果發行當天的股價 74 元，但是到了掛牌當天，該檔股票股價為 77.5 元，其 120% 為 93 元，低於原始履約價格 103.60 元，因此，履約價格須依照重設條件向下調整至 93 元。

重點

重設型權證的重設條件和價格的關係：
1. 重設時間愈長，權證受到保障的期間就愈久，而權證發行人要承受的風險則愈高，權證的價格也會愈高。
2. 重設的時點愈多，或是向下重設的幅度愈大，對投資人的保護就愈高，權證的價格也會愈貴。
3. 標的股的均價天數愈長，就愈難跌破重設價，對於投資人較為不利，所以價格會愈低。

　　一般來說，權證在發行前，都已經設定好履約價，但是因為權證從發行到掛牌交易，通常會有數個交易日，如果連結的標的個股在這段期間股價有很大的變化（例如暴漲或暴跌），等到權證真正掛牌時，權證的價格可能已經和標的股票，出現一大段行情的差距。為了避免和行情價差距太大，而讓權證乏人問津，於是在此概念之下產生了「重設型權證」和「界限型權證」。不過，因為履約價不斷變動，對於投資新手來說，敏感度不夠的話，可能會錯失良機，沒有能夠在適當的時候進出權證。

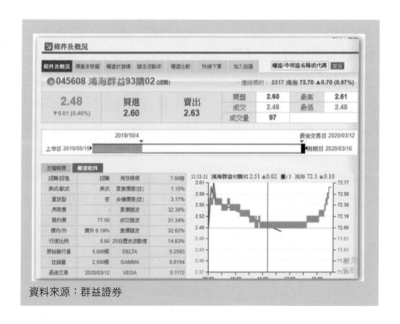

資料來源：群益證券

## 發行張數與行使比例，投資前須注意

**Q** **其他的專有名詞，各具有哪些意義呢？**

**A** 發行張數及自營商銷售張數

權證的發行張數＝原發行張數＋增額發行張數－註銷張數。

如果用 P.29 的圖來解釋的話，元大 91 的認售權證，券商發行 1 萬張，自營商的銷售張數為 1032 張，代表流通在外的銷售張數還有 8968 張。對投資人來說，金融商品要有流通，流通量要高，交易熱度也才夠高；而因為券商也還擁有該檔權證，代表這檔權證的生死——就是價格高低，和券商還有密切關係。如果券商通通把權證都賣到市場來了，券商在手中已經沒有權證的情況下，再加上這檔權證已經沒有任何履約價值時，這檔權證就可能像孤兒般無人聞問了。

**① 履約價格：**

當權證持有人要求履約時，有權利向券商以當初約定的價格（就是履約價格）買進或賣出標的股票。不過，當標的股票遇 除權息 時，權證履約價將會有所變動和調整。

**② 行使比例（或稱為執行比例）：**

這代表每一單位的權證，可以買進或賣出標的股票的股數。愈小的行使比例，代表能夠買進或賣出現股的權利就愈小。目前市場上行使比例的大小依標的股價高低，由發行券商決定，最大為 1，最小則為部分台指權證所採用的 0.001。行使比例愈小的權證，所表彰的權利相對較少，所以權證的價格也會較低。因為行使比例較小，則該檔權證對於標的價格的敏感度也將相對較低；所以低單價的權證雖然投資門檻低，看似較便宜，但對於投資人而言，未必是比較划算的選擇，仍應同時參考其他條件（例如隱含波動率等）做整體考量，勝算會較高。

**觀念達解**

**除權息**

因應發放「股票股利」或現增而向下調整股價就是除權，因應發放「現金股利」而向下調整股價就是除息。

1. 行使比例低，權證與現股的連動差
2. 行使比例愈小，買賣交易成本愈高

### ③ 參考匯率：

參考匯率為 1，代表這檔權證是連結國內股票或指數的權證。如果參考匯率不是 1，就要看是連結哪一個海外地區；假設是香港或是中國，參考匯率大約就是 5：1，依此類推。

### ④ 最後交易日和到期日：

由於權證有到期時間限制，過了到期日後，就失去履約權利。但因為權證如同股票交割一樣，都是 T＋2 日，因此，最後交易日和到期日才會相差兩天。

## 「美式」隨時可履約，「歐式」僅限到期日

**Q** 先前提過，如果是依多、空分類，前者是「認購權證」，後者則是「認售權證」。如果是依照履約時間點，有什麼區分嗎？

**A** 以履約時間的方式來說，可以分為「美式權證」和「歐式權證」。

### ① 美式權證

指的是在權證到期前的每個交易日，都可以申請履約。

### ② 歐式權證

只有權證到期日當天，才可申請履約。

目前以臺灣來說，美式權證較為廣泛。通常，美式權證的權利金會高於歐式權證。

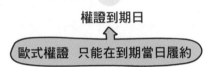

美式權證　到期前的每個交易日都可申請履約

權證上市日　　　　　　　　　　　　　權證到期日

歐式權證　只能在到期當日履約

**Q** 「美式權證」和「歐式權證」，哪一種比較適合新手投資呢？

**A** 權證因為履約日的不同，而有美式和歐式的分別。不過，對於權證的投資人來說，多數投資人是想賺取價差，少數人才想履約把權證換為股票。因此，單就賺取價差的角度來看，只要可以在高價時脫手獲利就好，不論是美式權證還是歐式權證，一點都不重要，新手都可以嘗試投資。但如果投資人真的是想利用權證轉換成標的股票，那麼，是美式權證還是歐式權證、履約日有沒有彈性，就很重要了！對於新手來說，美式權證在到期日前的每個交易日都可以申請履約，相較於選擇歐式權證只能在到期當日履約，後者風險較大，所以，建議新手還是選擇美式權證比較保險。

**Q** 權證只連結股票嗎？還是有其他的金融性商品也可以是它連結的目標？

**A** 如果依照可連結標的的分類，還可以分為下列幾類。

①**個股型權證：**權證價格變化僅連結某一檔個股的股價。

②**組合型權證：**標的證券為一籃子股票。

③**指數型權證：**指數型權證是以「股價指數」作為發行標的；

換句話說權證價格的變化，是連結某一指數，而非連結某一個股。指數型權證履約時並無實物可以給付，因此均採現金結算。常見有連結臺灣加權指數、電子指數、金融指數等。

**④海外標的權證：**從 2010 年開始，海外認購權證和認售權證可在臺灣發行，這種權證是連結海外交易所發行的指數或個股。例如：富士康（2038.HK）、安碩 A50ETF（2823.HK）、中國移動（0941.HK）、聯想集團（0992.HK），這些國人較為知悉的港股、紅籌股或是在香港掛牌的陸股 ETF，都是常見發行海外權證的連結標的。

因為權證可以連結的標的眾多，所以投資人在選擇權證時，必須要多注意連結標的的股性變化如何，才會有更高的勝算。

## 權證分類

| 權證分類 | 連結標的 |
| --- | --- |
| 個股型 | 單一個股 |
| 組合型 | 數檔股票的組合 |
| 指數型 | 以股價指數為標的 |
| 海外標的權證 | 連結海外的指數或個股 |

 **貼心小提醒：**

海外標的權證因為沒有漲跌幅的限制，波動比較大；而且按規定，發行商只能在臺股和外國股市同時都有交易時才能夠報價，投資人要特別注意波動風險！

# 特殊的牛熊證與存股證

權證最大的特色就是以小搏大，不過，對於保守型的投資人來說，有可能歸零的風險還是相對較高，因此，出現了對於獲利及損失設有界限的權證——牛熊證與存股證。

單元重點

・牛熊證＝牛證＋熊證，多空皆可操作
・時間限制較彈性，存股證存續期目前可延展至二年
・行使比例均為 1：1，但存股證漲跌為二倍

## 看多選牛證，看空選熊證

Ｑ　在權證的世界中，常常聽到牛熊證。到底什麼是牛熊證？

Ａ　簡單來說，「牛熊證」（英文：Callable Bull/Bear Contracts，簡稱 CB ／ BC）也是權證的一種，一樣也是由券商發行。牛熊證有「牛證」和「熊證」的區別，這與看好或看壞連結的個股有關。

　　牛證設計的原理，是看好連結標的未來的前景及漲勢，但又幫你設定一個停損點，讓你不至於因為看錯方向、又捨不得停損時，有超額的損失。牛證屬於下限型認購權證，當標的股價漲勢不如預期且觸及限制價時，將提前到期並終止掛牌，等於間接幫投資人自動停損。而牛證的上市代號自 03001 C 至 08999 C，上櫃代號自 70001 C 至 73499 C。

**以牛證為例試算：**

| 標的股價 | 限制價 | 履約價 | 財務費用 | 行使比例 | 存續期間 |
|---|---|---|---|---|---|
| 120 元 | 108 元 | 100 元 | 7.00% | 1：0.1 | 3 個月 |

- 發行價格＝（證券市價－履約價）× 行使比例＋財務相關費用

  ＝{證券市價－履約價＋履約價 × 財務費用比率 ×（距到期天數 /365）}× 行使比例

  ＝{120 － 100 ＋ 100 × 7% ×（90/365）}× 0.1

  ＝ 2.172 元

- 標的證券收盤價若跌至 108 元，且次一營業日所有成交價之簡單算術平均價為 105 元，則投資人可得之剩餘價值＝（結算價－履約價）× 行使比例＝（105 － 100）× 0.1 ＝ 0.5 元

  報酬率＝（0.5 － 2.172）÷2.172 ＝－ 77%

  標的證券於存續期間若始終無觸及限制價，在到期日收盤前 60 分鐘均價漲至 145 元，則投資人可獲利之金額＝（到期日收盤價前 60 分鐘均價－履約價）× 行使比例＝（145 － 100）× 0.1 ＝ 4.5 元

  報酬率＝（4.5 － 2.172）÷2.172 ＝ 107%

熊證則是看淡後市表現。熊證屬於上限型認售權證，當標的股價跌勢不如預期且觸及限制價時，將提前到期並終止掛牌，等於間接幫投資人自動停損。而熊證的上市代號自 03001 B 至 08999 B，上櫃代號自 70001 B 至 73499 B。

---

**以熊證為例試算**

| 標的股價 | 限制價 | 履約價 | 財務費用 | 行使比例 | 存續期間 |
|---|---|---|---|---|---|
| 80 元 | 90 元 | 100 元 | 7.00% | 1：0.1 | 3 個月 |

- 發行價格＝（履約價－證券市價）× 行使比例＋財務相關費用
　＝{履約價－證券市價＋履約價×財務費用比率×（距到期天數／365）}× 行使比例
　＝{100 － 80 ＋ 100 × 7% ×（90/365）}×0.1 ＝ 2.172 元
- 標的證券收盤價若漲至 90 元，且次一營業日所有成交價之簡單算術平均價為 93 元，則投資人可得之剩餘價值＝（履約價－結算價）× 行使比例＝（100 － 93）× 0.1 ＝ 0.7 元
　報酬率＝（0.7 － 2.172）÷ 2.172 ＝－ 67.7%
- 標的證券於存續期間無觸及回收價，到期日收盤前 60 分鐘均價跌至 65 元，則投資人可獲利之金額＝（履約價－到期日收盤價前 60 分鐘均價）× 行使比例＝（100 － 65）× 0.1 ＝ 3.5 元
　報酬率＝（3.5 － 2.172）÷ 2.172 ＝ 61.1%

---

　　整體來看，「牛熊證」所連結的標的，只要觸及收回價，即使存續期間還沒到期，也會馬上被強制收回。此時，手上的權證就可能變成歸零膏，投資者會因此損失部分、甚至全部的投資金額。

## 牛證與熊證差異性

| 牛證（Callable Bull） | 熊證（Bear Contracts） |
|---|---|
| 下限型認購權證 | 上限型認售權證 |
| 漲勢不如預期且觸及限制價，<br>將提前到期 | 跌勢不如預期且觸及限制價時，<br>將提前到期 |
| 自動停損 | 自動停損 |
| 上市代號自 03001 C 至 08999 C<br>上櫃代號自 70001 C 至 73499 C | 上市代號自 03001 B 至 08999 B<br>上櫃代號自 70001 B 至 73499 B |

## 和標的物股價連動高，漲跌比例趨於 1

**Q** 如此看來，牛熊證的槓桿操作，較不如一般權證來得大。那麼牛熊證具有哪些優點呢？

**A** 牛熊證的確是針對一些比較保守型的投資人所設計的權證。或許牛熊證的賺賠率比一般權證來得低，相對來說較不刺激，但牛熊證還是擁有下列幾個優點：

### ① 多空皆可操作

依照投資人對未來標的物的情勢來判斷，如果投資人看多可以選擇牛證，看空可以選擇熊證，這如同一般的權證一樣，不論是多空都可以操作。

### ② 有停損機制

由於牛證的限制價高於履約價，因此，牛證是具有停損機制的認購權證；熊證的限制價會低於履約價，因此，熊證是具有停損機制的認售權證。

　此外，因為牛熊證一樣不能融資融券，所以不能跟券商先借來買賣，所以，就算是被迫出場，還比融資券斷頭的損失來得輕微多了。

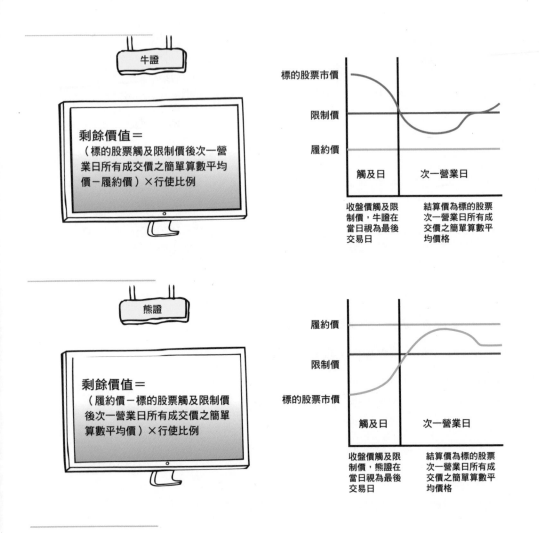

**牛證**

剩餘價值＝
（標的股票觸及限制價後次一營
業日所有成交價之簡單算數平均
價－履約價）×行使比例

標的股票市價

限制價

履約價

觸及日　　　　次一營業日

收盤價觸及限　　結算價為標的股票
制價，牛證在　　次一營業日所有成
當日視為最後　　交價之簡單算數平
交易日　　　　　均價格

**熊證**

剩餘價值＝
（履約價－標的股票觸及限制價
後次一營業日所有成交價之簡單
算數平均價）×行使比例

履約價

限制價

標的股票市價

觸及日　　　　次一營業日

收盤價觸及限　　結算價為標的股票
制價，熊證在　　次一營業日所有成
當日視為最後　　交價之簡單算數平
交易日　　　　　均價格

### ③ 和標的物價格連動性高

牛熊證屬於深價內的權證，當標的股價漲跌一元時，牛熊證
的價格也幾乎是漲跌一元，因此，牛熊證與標的證券價格變
動，比例是趨近於 1，也就是緊貼著標的證券的走勢此外，
牛熊證與標的個股的連動性，比起一般權證來說，更是亦步
亦趨，對於一般投資人擔心券商操控隱含波動率的投資人來
說，比較安心。

### ④ 訂價透明

牛熊證價格 ＝ 履約價格與標的股票市價之差價 × 行使比例

＋剩餘財務相關費用。財務相關費用＝財務相關費用年率
×履約價×（距到期天數/365）×行使比例。

　　簡單來說，牛熊證類似買月票的概念，假設過了十天想
退票，售票員會扣掉過去十天的費用，才把剩餘的錢退還給
消費者。所以，當投資人買了牛證，十天後賣掉了，券商只
會扣掉十天的財務費用，這時候，牛證價格等於價差乘以行
使比例，再加上剩餘相關財務費用。

　　舉例來說，原本一檔牛證 5 元，每天的財務費用是 0.01
元，十天後，在標的股票價格沒有改變的情況之下，牛證會
剩下多少錢呢？ 5 元－(0.01 元×10 天)＝4.9 元，所以，
牛證就變成 4.9 元。

## 時間價值流逝，牛熊證較一般權證敏感

**Q** **投資人選擇「牛熊證」，要注意哪些缺點呢？**

**A** 牛熊證是和標的股價連動性極高的工具，加上定價公式
簡易透明，因此我們可以輕易地從公式算出牛熊證的價格，
以判別目前的買賣價差是否過大。

　　例如：連結股票 內外盤價 差為 0.5 元、執行比例 0.1
的牛證，內外盤合理的買賣價差應該是 0.05 元（0.5 元
×0.1）。

　　若牛證的買賣價差低於 0.05，則此時買牛證的外盤價
（委賣價）就會比買股票的外盤價划算。因此，若股票向上
跳一檔，此時你買的牛證價格將向上跳 0.05，會比你剛剛用
外盤的價格買到還高；換句話說，你就已經賺到錢了。

**重點** ▷ 外盤價會比內盤價來得高；因為大家都想用比較高的
價格賣出，用比較低的價格買進。如 P.40 圖片所示，
委賣價（外盤價）會比委買價（內盤價）來得高。

**觀念速解**

**內盤**

就是股票在委買價成
交，表示賣盤比較踴躍、
賣壓較大。

**觀念速解**

**外盤**

就是股票在委賣價成
交，表是買盤比較積極、
承接力道較強。

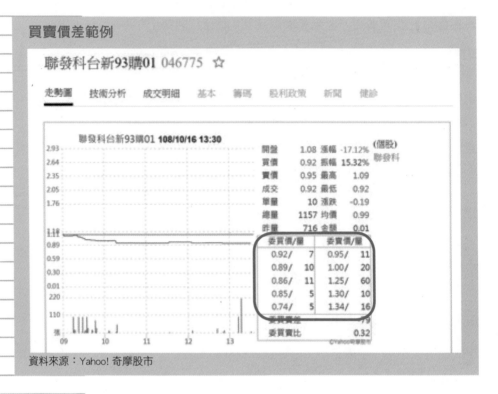

**買賣價差範例**

聯發科台新93購01 046775 ☆

走勢圖　技術分析　成交明細　基本　籌碼　股利政策　新聞　健診

| | | | |
|---|---|---|---|
| 開盤 | 1.08 | 漲幅 | -17.12% |
| 買價 | 0.92 | 振幅 | 15.32% |
| 賣價 | 0.95 | 最高 | 1.09 |
| 成交 | 0.92 | 最低 | 0.92 |
| 單量 | 10 | 漲跌 | -0.19 |
| 總量 | 1157 | 均價 | 0.99 |
| 昨量 | 716 | 金額 | 0.01 |

| 委買價/量 | | 委賣價/量 | |
|---|---|---|---|
| 0.92/ | 7 | 0.95/ | 11 |
| 0.89/ | 10 | 1.00/ | 20 |
| 0.86/ | 11 | 1.25/ | 60 |
| 0.85/ | 5 | 1.30/ | 10 |
| 0.74/ | 5 | 1.34/ | 16 |

委買賣差　79
委買賣比　0.32

資料來源：Yahoo! 奇摩股市

### ① 強制收回

因為牛熊證有限制價格，因此有停損的機制，這樣的美意，有時也成為地雷！因為當標的股收盤價觸及限制價時，牛熊證將提前到期，即使未來標的股價反轉，該檔牛熊證因為提前到期下市，因此無法在市場上繼續交易。一般來說，標的股價和限制價差距愈大的牛熊證，槓桿倍數雖然較小，但是，強制收回的機率就愈低。相反地，當標的股價和限制價差距愈小的牛熊證，槓桿倍數雖然較大，但是，被強制收回的機率就愈高；投資人如果捨不得賣掉，那很有可能被強制出場。

### ② 有期間限制

雖然證交所規定權證的存續期間最長期間是二年，但是，多數的權證發行的存續期間是三個月到半年。之所以如此設

計，那是因為大多數的股票榮景是較難維持長達兩年的。再加上，牛熊證的存續期間為三個月至二年，對於時間價值的敏感度，高於一般權證，若在到期前被強制收回，投資人就會損失全部的財務費用。

### ③ 流動性

相較於股票，牛熊證的交易費用以及權利金都比股票來得便宜，相當適合保守型的投資人；不過，也因為偏於保守，槓桿倍數低，誘因也較低，於是，青睞牛熊證的投資人比一般權證來得少，因此，投資人在選擇操作牛熊證前，最好先觀察這檔牛熊證的成交量及流動性如何，是不是乏人問津？以免買到便宜的權證，卻都無法在最佳漲跌時刻脫手。

## 牛熊證交易情況

| | 牛熊證代號 | 牛熊證名稱 | 牛熊證價格 | 牛熊證漲跌 | 牛熊證漲跌幅 | 履約價 | 回收價 | 成交量(張) | 剩餘天數 | 行使比例 | 有效槓桿 | 財務費用(每日) |
|---|---|---|---|---|---|---|---|---|---|---|---|---|
| | 03608C | T50反1元富8A牛01 | 1.25 | ▼0.04 | -3.1% | 9.90 | 10.51 | 390 | 14 | 1.0000 | 8.92 | 0.0014 |
| | 03624C | T50反1兆大8C牛05 | - | - | -% | 10.24 | 10.54 | 0 | 84 | 0.5000 | 10.62 | 0.0009 |
| | 03607C | T50反1元大8A牛03 | 0.42 | ▼0.06 | -12.5% | 10.28 | 10.60 | 300 | 5 | 0.5000 | 13.27 | 0.0009 |
| | 03606C | T50反1凱基91牛03 | 0.85 | ▼0.02 | -2.3% | 10.43 | 10.76 | 1413 | 90 | 1.0000 | 13.12 | 0.0014 |

資料來源：群益證券

## 股票現股交易 vs. 信用交易 vs. 牛熊證交易

| 項目 | 現股 | 融資／融券 | 牛熊證 |
|---|---|---|---|
| 證券交易稅 | 3‰ | 3‰ | 1‰ |
| 除權息 | 股利要課稅 | 1. 需面臨強制回補<br>2. 有停資、停券的限制<br>3. 股利要課稅 | 不用擔心回補<br>免課股利稅 |
| 最大損失 | 投入資金 | 投入資金＋補繳的保證金 | 買進之權利金 |
| 自動停損機制 | 無 | 無 | 有 |
| 保證金追繳 | 無 | 有 | 無 |
| 投入資金 | 全額 | 四成（目前大多數股<br>融資自備款只要四成） | 只要現股價金<br>二～三成 |
| 存續期間 | 無（除非公司<br>下市） | 半年，得延長至 1 年 | 三個月～二年 |
| 漲跌幅 | 10% | 10% | 超過 10% |

## 新興權證「存股證」，漲跌皆為股價二倍

**Q 除了牛熊證以外，也有個新的金融商品叫做「存股證」。這個「存股證」又是怎樣的投資概念呢？**

**A** 「存股證」在證券交易所的名稱叫做「展延型權證」，也就是「展延型的牛熊證」。「存股證」購買方式跟股票、權證、牛熊證一樣，在原先的證券戶頭即可交易。存股證的前五碼為數字，第六碼為英文大寫「X」，代碼範圍是03001 X 至 08999 X。

因為存股證是類似牛熊證的商品，所以，也有所謂的到期日，但是這個到期日可以展延。簡單來說，假設你的投資合約到期了，可以續約；一般的權證和牛熊證都不行，但是存股證卻可以。而這樣的投資概念，最主要是有利於長期投資。

舉例來說，假設 A 股票一股 100 元，也就是一張股票需要準備 10 萬元，但是 A 股的存股證，卻只要準備每股價格 50 元，加上它上市這段期間的利息；利息假設為 5 元，那麼投資人買一張 A 股存股證的價格，就是（55 元 × 1000 股）= 55,000 元，這個利息錢會每天從股價中扣除。如果到期時 A 股股價不變，仍是 100 元，那麼 A 股存股證的價格就會變成 50 元，因為利息已經被扣光歸零了。

當你跟發行券商購買一張 A 股存股證時，不包含利息的部分，實際上只支付了 5 萬元；券商收了你的 5 萬元，他必須去買一張 A 股避險，這也可以視為發行商代替你買了一張 A 股，也等於券商借了 5 萬元給你買股票；而這也就是為什麼券商要跟你收利息的原因。當然，投資人支付利息的這部分，也是券商發行存股證的主要獲利來源之一。

資料來源：元大證券

**Q 存股證和牛熊證一樣，槓桿倍數也是趨近於 1 嗎？**

**A** 不是。當投資人選擇了存股證，雖然行使比例為 1：1，但是因為只付了一半的股價，卻能享有一張股票的漲跌幅，所以，投資人的資金等於有了比牛熊證更大的槓桿效果，這個槓桿倍數是二倍。

假設一張存股證對應一張現股的漲跌，當現股漲跌十元，存股證也相對漲跌約十元，甚至如果領到股息，股票發一元現金股利，存股證一樣是領一元的現金股利！如果現股股價是 100 元，漲一元的漲幅是 1%，但因為存股證只用了一半的資金，所以存股證的漲幅約為 2%。

**存股證經除權息前後條件範例**

| 標的股 | 中華電現股 | 存股證價格和標的股價連動 |
|---|---|---|
| 股利 | 現金股利 $5 | 內含股利 $5 |
| 除權息後現股價格下降 | $100 → $95 | 中華電現股 $100 除權息後為 $95 |
| 除權息後存股證履約價下降 | $50 → $47.5 | 因應現股除權息參考價，履約價調整成 47.5 = 50 × （95/100） |
| 除權息後存股證行使比例上升 | 1：1 → 1：1.05 | 股利自動再投資：一張存股證價格漲跌金額等同約 1.05（= 100/95）張標的股價漲跌金額，就好像除權息完立刻拿到股利，馬上自動再投資轉化為零股 |
| 存股證價格不變 | $50 → $50 | 存股證價格＝（現股除權息參考價－除權息後履約價＋財務相關費用）× 行使比例 = { 95 － 50×（95/100） } ×（100/95）= 50（假設財務相關費用為零） |

資料來源：元大證券

要注意的是，不管漲跌都是二倍，但如果計入利息、手續費、證交稅等相關費用的話，整體細算下來，存股證漲的時候槓桿會略低於二倍，跌的時候槓桿會略大於二倍。換句話說，投資存股證如果沒有停損得宜的話，反而會加大虧損！

重點 ▶ 持有存股證就像持有股票，賺賠全看股價漲跌，也因此存在價格風險和觸價出場的風險。存股證的槓桿效應好比一把雙面刃，決策的對或錯將會加倍影響獲利或虧損！

**Q 存股證的利息也是像牛熊證一樣，是依照投資天數計算的嗎？**

**A** 存股證跟牛熊證一樣，都有所謂的「界限價」，界限價的意思是，當牛證現股股價低於界限價時，熊證則是高於界限價時，合約就中止，相關商品就直接下市，但存股證的利息錢，並非按天數比例計算，而是一開始就計算全部天數的利息，跟投資人收走了；這點跟牛熊證按日計息的方式不太一樣。

**Q 有沒有可能券商會故意打壓股票的價格，讓股價碰到界限價，好讓商品提前下市，賺取投資人的利息？**

**A** 這是多數投資人的疑慮。界限價的設計，原意是為了保護投資人，當股價下跌到某種價格時，強迫投資人停損，以免血本無歸。但這項設計有時卻成為券商坑殺投資人的陷阱——因為只要券商可以操控股價，讓它觸及界限價時，就可以瞬間收走利息。

雖然理論上是這樣，但由於目前券商在第一階段發行的都是大型權值股，價格上比較穩定；加上流通在外的股數很多，股價比較不容易被操控；而且發行時的股價距離界限價也較遠，不太會有這樣的風險。我們來看看從 103 年 7 月 30 日開始發行的存股證標的，都算是目前臺灣的大型權值股，例如：中華電，台泥，台積電，中鋼，兆豐金等……券商的操控能力有限。但畢竟這個疑慮還是在，投資人今後在選擇存股證時，還是得要留心這個議題；避免被券商很快賺走利息的方式，就是盡量選擇大型個股為連結標的之存股證，會比較保險一點。

 重點 假如股票價格接近觸界價，投資人要留意須賣回給發行券商，否則次一交易日將用全天交易均價結算！

| 項目 | 牛熊證 | 存股證（展延型牛熊證） |
|------|--------|------------------------|
| 發行條款 | 價內發行 | 極深度價內發行<br>（價內程度達 30% 以上） |
| 限制價之設定 | 限制價與發行日前一營業日標的證券收盤價之差距應達 10% | 限制價與發行日（展延日）前一營業日標的證券收盤價之差距應達 20% |
| 存續期間 | 三個月至二年 | 到期可繼續展延三～十二個月 |
| 發行標的屬性 | 證交所公告之股票、指數、臺灣存託憑證及指數股票型基金 | 同左，但發行標的主要為指數或低波動之高配息股票。 |
| 價格變動度 | Delta 值通常趨近於 1，與標的資產價格連動性高。 | 極深度價內發行，Delta 值通常為 1，與標的資產價格連動性高。 |

資料來源：臺灣證券交易所

## 用半價投資股票，兼具停利停損功能

**Q 存股證具有哪些優點呢？**

**A** 存股證這項商品說穿了，就是可以將到期日展延的權證；因此，如果你看好某一檔個股未來很長一段時間的股價走勢，可是連結這檔個股的權證眼看著就要到期，你會覺得沒能參與這檔個股未來股價的漲勢很可惜，這時候，你就可以選擇存股證了。存股證的好處有以下幾個：

### ① 具有槓桿效果

只要一半資金即可操作股票！存股證也是權證的一種，比牛熊證更加具有以小搏大的功能，比例大約是二倍！

### ② 存續期可展延

存股證就是牛熊證的延伸，但是存續期可以往後延長，前前後後的存續期最多是二年（以目前的條件而言）。存股證原始的精神，是希望可以無限期的擁有這檔權證，不過因為發生高雄氣爆的工安事件後，也難免讓券商採取保守態度因應，因此，目前延展過後的存續期是最長二年。

### ③ 具有停損停利的功能

既然是牛熊證的延伸，所以它也會有界限價！在牛熊證中，看空就是投資熊證，看多就是投資牛證，而存股證也有牛證和熊證。只不過，目前存股證多數以看多為主！因為，既然是存股的概念，股價一路往下跌的話，誰會想要存股？因此，以目前臺灣的市場來說，多數以看多的情況為投資主流。

### ④ 有融資的概念，卻不會斷頭！

存股證不是借錢買股票，但它的設計概念就是讓投資人可以半價購買股票的權利，也就是讓投資人可以花 50 元，買到100 元的股票。一般來說，股票融資融券會有斷頭之虞，但存股證卻沒有斷頭的疑慮！

### ⑤ 年息一次預收

假設中華電的股價是 100 元，但是存股證只要花 50 元就可以買到，那麼，剩下的 50 元誰幫你出呢？差額的 50 元，就當做是券商借給投資人了。因為借錢給投資人，所以，就會跟投資人收取利息；而這一收就是預收一年分的利息五元──而且是不管你「借」多久（你可能不到一年就出脫存股證了），利息的設算都是五元。

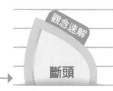

**斷頭**

從事融資融券等信用交易的投資人，若是因為看錯市場方向又不懂得停損，將造成保證金不足；當融資維持率不到120% 時，證券公司會發出融資追繳令，投資人須在三日內補足維持率，否則證券公司為了維護本身的債權，有權在三日後開盤時，主動以市價將客戶的擔保品逕自出售或回補，就是所謂的斷頭。而一旦被証券公司斷頭賣出，投資人擁有的資金可以說幾乎賠光。

**ⓠ 存股證有哪些地方，投資人必須特別注意？**

ⓐ 雖然有可以延長存續期間的但書，但還是無法像股票一樣可以長抱。此外，因為有界限價，萬一股價在觸及底線後，被強制出場，即使未來翻盤、價格往上，也因為該檔存股證已經下市，而無法翻身。這樣一來，就算你打算長期投資，而且也付了利息，但是卻等不到獲利的結果，對投資人來說是很不利的。要記得，買了存股證，不論操作天數是幾天，利息一次就是按年計算（例如上述例子的預繳五元）不因提前賣出存股證會有所折抵、不退費；這點要提醒讀者特別注意！

**ⓠ 我們看到有網路上說明：「假設一個綜合所得稅率 20% 的存股族，投入 10 萬元買中華電（假設股價為 100 元）、未來每年配息五元來計算，使用傳統存股和以存股證法分別買進並持有 15 年後，前者的 10 萬元會變成 18.7 萬元，後者卻可把 10 萬膨脹成 29.5 萬元，二者差距高達一倍。」這段話合理嗎？**

ⓐ 原則上這樣的論述是合理的，因為存股證不用繳所得稅，也不用扣 1.91% 健保補充保費，又具有槓桿效果。不過理論終歸是理論，它的前提是當你長期投資且穩定獲利時，隨著投資年限愈長，造成的差距也會愈大。這就好比我們投資股票，每年賺 10% 跟每年賺 20%，投資人可以自己算算看，兩者在 20 年後的差距一樣是差很大。不過，目前在臺灣的存股證，即使延長存續期，前前後後加起來最多二年，無法長抱 20 年；所以，這樣的算法只可說是理想化而已。

**ⓠ 投資存股證可以精省稅差，是真的嗎？**

ⓐ 如果投資人買現股參與除權息，會增加稅金支出；但是存股證的股價價差既不用繳證所稅、綜所稅，也不必繳 2% 的健保補充保費。不過，權證本來就具有這些特性。

　　而存股證和一般權證最大的差別是，權證是有賺就要跑，以免變成歸零膏；但是，存股證是有可能讓你放愈久、賺愈多。之所以這樣，是因為它沒有時間上的限制，如果挑中一檔好的存股證、像股票一樣長抱的話，未來是有機會以時間換金錢的！

### ⓠ 存股證開戶會很麻煩嗎？

　ⓐ 雖然這個金融商品目前是由元大證券首創，但跟權證交易方式一樣，投資人不用到元大開戶，只要在任何券商擁有證券戶頭，並且簽署風險預告書就可以交易了。投資人只要開啟網路下單功能，和買賣股票一樣，輸入代號、張數及金額就可以下單。

### ⓠ 存股證的成本包含哪些？

　ⓐ 存股證相關的財務費用，包括券商借給你的借款利息、管銷費用等，這些屬於預付費用，也會反應在存股證價格裡。至於交易成本，則包括買入／賣出的手續費，以及賣出存股證的證券交易稅。

　　但是要提醒投資人注意的是，近期證交所考量目前有部分展延型權證因標的不受投資人青睞，流通在外數量及成交量都不理想，卻仍需持續每日報價，占用證券交易網路傳輸資源，所以新增展延型權證的退場機制：只要於存續期間屆滿前 20 個營業日，其流通在外單位低於十萬單位者，可以不申請展延而終止上市。

　　因此，投資朋友得要充分掌握相關資訊，避免買入即將終止上市的展延型權證而產生虧損。

# 權證的交易規則

權證的買賣方式跟股票一樣，只要利用現有的證券帳戶就可以進行買賣，不需要再重新開戶，但是需要加填一張「風險預告書」。只不過，投資人選擇賺權證的價差，或者是選擇履約，兩者交割方式不同，成本也不一樣。

・一張權證＝ 1000 單位，沒有零股交易

・買賣 VS. 履約，須精算才決定

・有證券戶就可投資權證，須簽「風險預告書」

## 權證與股票跳動單位，最小為 0.01 起跳

**Q** 權證都在哪裡交易？交易的規則又是如何呢？

**A** 權證都在集中交易市場買賣，投資人在第一次買賣權證時，都會簽署「風險預告書」，證券經紀商才可以接受投資人委託買賣。權證申報買賣的數量，如同股票一樣，都是以 1000 單位為一張，沒有零股交易。

權證的交易時間，臺北股市上午9：00第一次撮合處理，直到下午1：25，和股票一樣是「連續競價制度」逐筆交易，權證委託單隨到隨撮，可能在一秒鐘就成交了好幾筆；下午

### 認購權證升降單位

| 標的股價 | 股票跳動單位 | 權證跳動單位 |
| --- | --- | --- |
| 未滿 5 元 | 0.01 | 0.01 |
| 5 元但未滿 10 元 | 0.01 | 0.05 |
| 10 元但未滿 50 元 | 0.05 | 0.1 |
| 50 元但未滿 100 元 | 0.1 | 0.5 |
| 100 元但未滿 500 元 | 0.5 | 1 |
| 500 元以上 | 1 | 5 |
| 1000 元以上 | 5 | 5 |

資料來源：臺灣證券交易所

1：25 後的最後五分鐘，為集合競價。所以，為了抓住及時的買賣時間點，投資人最好記得採取網路下單的方式，才不會錯過黃金成交時機！

**Q 權證的漲跌幅限制有什麼規則嗎？**

**A** 原則上，權證本身的漲跌幅，不像國內標的證券漲跌幅限制為 10%，有時幅度超逾五成也無須訝異。另外，連結個股和 ETF 的權證，和連結指數的權證，漲跌計算方式並不同！

**① 以國內個股及 ETF 為標的之權證**

漲（跌）停價格＝權證當日平盤價＋標的證券當日漲（跌）停價格 × 行使比例

舉例來說，假設某一檔認購／售權證，前一個交易日的收盤價為三元，最新的行使比率為 1：0.2，而所連結的標的股價前一交易日收在 50 元，個股和權證今日的漲跌停價格，分別如下：

標的股票漲停價格：50×(1＋10%)＝55
標的股票跌停價格：50×(1－10%)＝45

**權證漲停價格**

認購權證：2＋(55－50)×0.2＝3
認售權證：2＋(50－45)×0.2＝3

**權證跌停價格**

認購權證：2－(50－45)×0.2＝1
認售權證：2－(55－50)×0.2＝1

**權證漲跌幅**

權證最大漲幅：(3－2)/2×100%＝50%
權證最大跌幅：(1－2)/2×100%＝－50%

### ② 以指數為標的的權證

權證可以連結的標的指數包括：臺灣加權股價指數、電子類股指數、金融類股指數等。漲（跌）停價格＝權證當日平盤價＋（前一日標的指數之收盤指數 × 每點對應金額 × 行使比例 ×10%）

---

認購權證的漲停價格條件

> 漲停價格＝前一日權證收盤價＋（標的漲停價－標的開盤參考價）× 行使比例
>
> 跌停價格＝前一日權證收盤價－（標的開盤參考價－標的跌停價）× 行使比例

---

## 買賣或履約，均收取手續費 1.425‰

**Q** 權證如果選擇賣出，會收取什麼費用？

**A** 權證履約獲利＝ 內含價值

　　權證賣出獲利＝內含價值＋ 時間價值

一般來說，權證的價值包括內含價值及時間價值。假設投資人申請履約，只會拿到內含價值，換算之下，就是只有得到股票收盤價和履約價的價差。但是，多數投資人會選擇直接把權證賣掉的原因是，交易權證的價差遠比向券商履約來得划算。但不管是直接買賣權證或者跟券商履約，都需要注意交易成本。權證的買或賣，手續費為千分之一‧四二五，交易稅的部分，只有賣出才要再繳千分之一的證交稅。

**內含價值**

內含價值是指在不考慮交易成本的狀況下，投資者如果要立刻履約，可以賺到多少錢。只有價內的權證才有內含價值。

**時間價值**

時間價值＝權證價格－內含價值，是投資者願意以高於內含價值的價格持有該檔權證而要付出的代價。價平和價外的權證只有時間價值。

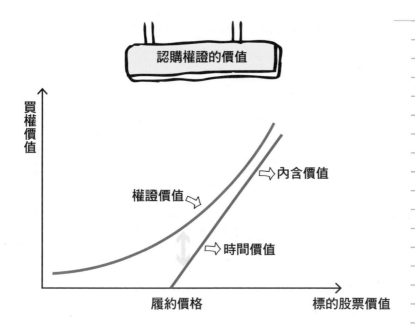

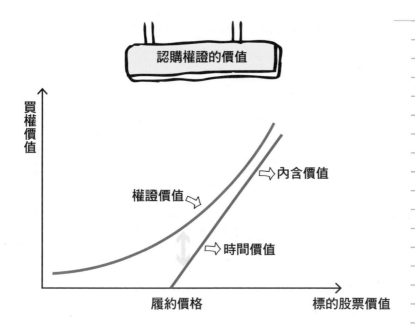 那麼，權證如果選擇履約，會產生什麼費用？履約流程又是如何？

 如果投資人交易的權證是屬於歐式權證，而在到期日時還有履約價值的話，券商就會自動以現金結算，將履約價與標的股價的價差，扣除交易稅後，直接匯入投資人的交割帳戶中。

如果投資人持有的權證為「價內」的「美式」權證，那麼，在權證到期日前的任何一個營業日，都可以向往來的券商提出履約申請。履約時間為星期一到星期五下午 2：30 以前，送出申請文件。

投資人在買美式權證時，在權證的公開說明書上會載明，未來有履約價值時，是用現金結算或者是用股票交割；現金結算較為單純，只須計算價差即可，但假設是用股票交割的話，投資人的交割帳戶裡必須放一筆預付款項，至於須存放多少錢？通常在申請履約時，券商就會幫你先試算金額，等到了 T + 2 日時，投資人就可以收到股票或是現金價

差。萬一要是遇到權證到期，投資人忘記申請履約怎麼辦？不用擔心，現在交易權證，投資人都不需要主動做履約申請，只要有履約價值，券商會自動以現金結算差價。投資人也是在 T＋2 日就可以收到款項。

| T日 | ・下午2：30前申請履約<br>・填具「認購（售）權證行使權利申請委託書」並加蓋原留印鑑 |
| T＋1日 | ・投資人的帳戶須先存放一筆預付款<br>・金額＝履約價金＋手續費 |
| T＋2日 | ・履約方式可以選擇「證券給付」或是「現金結算」 |

**權證履約金額計算方式** ＝ 履約價金 ＋ 手續費 ＝（履約價 X 履約單位數 X 行使比例 ）

＋（履約價 X 履約單位數 X 行使比例 X1.425‰）

### 權證買賣或履約交易成本

|  | 權證交易（買） | 權證交易（賣） | 權證履約 |
|---|---|---|---|
| 手續費 | 1.425‰<br>不足 20 元，<br>以 20 元計收 | 1.425‰<br>不足 20 元，<br>以 20 元計收 | 1.425‰<br>不足 20 元，<br>以 20 元計收 |
| 交易稅 | 無 | 1‰ | 現金結算：1‰<br>股票結算：無 |

## 權證買賣及履約之差異

|  | 權證履約 | 權證賣出 |
|---|---|---|
| 對象 | 向券商提出履約申請 | 直接下單賣出 |
| 有無股票 | 履約方式為股票交割，履約後 2 天可拿回股票 | 不能取得股票 |
| 交易流程 | 填寫申請單 | 不須填申請單 |
| 利基點 | 內含價值 | 內含價值＋時間價值 |
| 交易成本 | 股票交割：手續費 1.425‰<br>現金交割：手續費 1.425‰＋證交稅 3‰ | 手續費 1.425‰＋證交稅 3‰ |

**Q** 由於交易權證的投資人不如股市普遍，券商是不是也應該善盡造市功能？

**A** 的確是，由於交易權證的投資人不如股市普遍，有可能發生某檔權證流通量不足的問題，因此，券商必須善盡報價與撮合的責任。不過，券商並非 24 小時都在報價，所以，投資人必須知道券商的報價時段，以利交易。

**1. 主動報價時段：**

每隔五分鐘至少報價一次，而此報價應至少維持 30 秒，需包含買進價格及賣出價格。根據委託價每單位的不同，報價內容也不一樣。

## 主動報價時段

| 報價 | 買進價格及賣出價格 |
|---|---|
| 時間 | 主動每隔五分鐘至少報價一次，<br>而此報價應至少維持 30 秒 |
| 升降單位 | 最高申報買進價格與最低申報賣出價格間之<br>最大升降單位 |
| 每單位委託價格未滿 10 元 | 每筆報價不得低於十交易單位 |
| 每單位委託價格 10 元，未滿 20 元 | 每筆報價不得低於五交易單位 |
| 每單位委託價格超過 20 元者 | 每筆報價不得低於一交易單位 |

資料來源：臺灣證券交易所

## 2. 不提供報價時段：

一般流動量提供者不提供報價時機有以下四種：

① 集中交易市場開盤後五分鐘內。

② 權證之標的證券暫停交易。

③ 當所持有之權證數量無法滿足每筆最低委託賣出數量時，僅提供權證買進價格。

④ 發行人自訂之其他時機，例如：權證價格漲停時不提供賣出價格，跌停時不提供買進價格及價格低於某一價位時，不提供買進價格。

而這些有關的訊息，發行人須於公開銷售說明書內載明清楚。

**Q** 假設投資人有興趣投資權證，該如何開戶呢？

**A** 只要是買賣股票，就必須透過證券經紀商來交易，因此，一定要開立證券集保存摺，以及交割銀行帳戶。開戶的流程大家都一樣，你可以選擇臨櫃填寫開戶資料，也可以先在網路上填好資料，預約開戶，等時間到了就去營業據點。

申請開戶契約文件時，本人必須親自簽署及蓋章，並且親自臨櫃辦理。現在開戶一定要雙證件，所以，一定要記得攜帶身分證正本、或是駕照和健保卡以及個人印鑑。剛開的新戶頭，有些銀行會要求最低金額必須存入 1000 元新臺幣，以後要買賣股票或是權證需要履約時，在交易日的兩天內把金額補進帳戶裡就可以了！

除了開戶之外，投資人最好也申請「電子交易戶」，這樣才能使用網路交易的功能。因此，第一次開證券戶的投資人，最後會領到「證券集保存摺」、「劃撥銀行存摺」和「電子交易密碼單」。要提醒投資人的是，第一次使用網路下單時，要記得點選「申請憑證」，這樣才能使用網路下單，以後透過電腦交易才會方便省時。

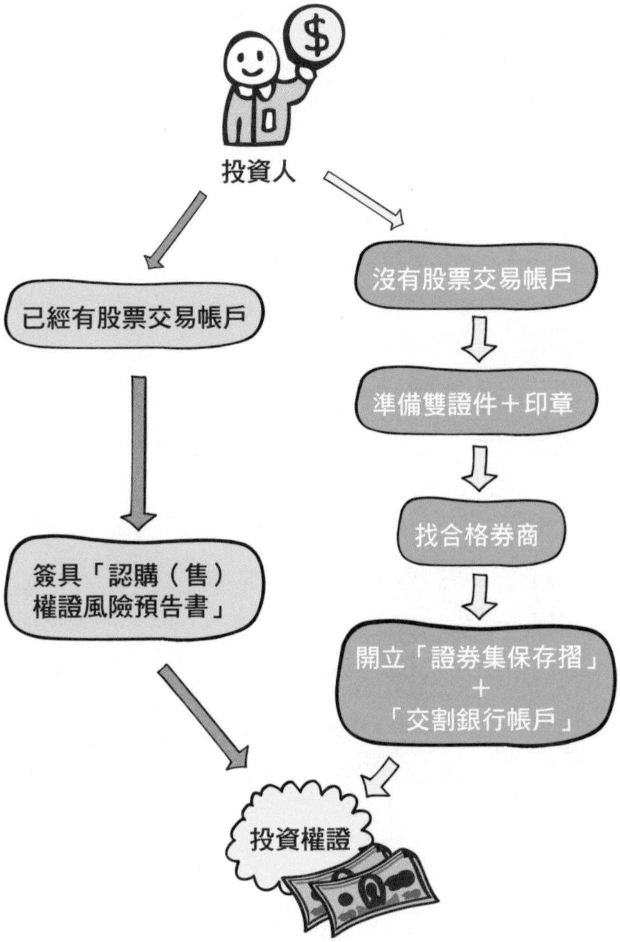

投資人

已經有股票交易帳戶

沒有股票交易帳戶

準備雙證件＋印章

找合格券商

簽具「認購（售）權證風險預告書」

開立「證券集保存摺」
＋
「交割銀行帳戶」

投資權證

擴張投資版圖，不放過任何賺錢機會～

# 投資國際化的海外權證

對某些投資人來說，海外權證可以當作分散投資風險的工具。現在我們就來看投資海外權證應該從哪裡著手？要瞭解哪些基本資料？

臺灣從 2010 年 9 月 1 日起，海外權證正式上路。在連結標的股的部分，以國人較熟悉的香港紅籌股最受歡迎。對於青睞外國股票的投資人來說，選擇連結國外股票或是指數的海外權證，一樣也是能夠以小搏大的利器。當時包括元大證券、群益證券、寶來證券（現在已經併入元大）和凱基證券等券商，都爭相發行海外權證。

海外權證是以臺幣計價，連結標的是外國股票或指數，一樣是發行認售權證或是認購權證，但是交易地點是在臺灣證券交易所，或者是在櫃買中心掛牌交易。海外權證如同國內一般的權證，都具有以小搏大的特性，而且是利用原有之臺股證券帳戶即可交易，不用再新開複委託戶與外匯帳戶、而且不用換匯。對於某些投資人來說，買不起海外的股票，又嫌基金無法在短時間內翻倍賺，海外權證不只是另一種投資的選擇，也可以當作是分散投資風險的工具。

## 海外權證開戶條件

| 自然人開戶條件 | 本國人：須有中華民國身分證 |
| --- | --- |
| | 外國人：須有在臺居留證和護照 |
| 開戶必備證件 | 1. 本人身分證正反面影本一份 |
| | 2. 印章 |
| | 3. 受委託人身分證正反面影本一份 |
| | 4. 已開立的臺幣或外幣帳戶存摺封面影本一份 |

## 海外權證均為歐式權證，採現金結算

　　海外權證的分類有「個股型權證」和「指數型權證」，規格多數為歐式，因此只有在到期日才能履約，採現金結算。而海外權證和國內權證一樣，都是在集中市場交易，交易稅是千分之一，交易手續費上限為千分之一‧四二五。雖然海外權證多數以臺幣計價，但選擇個股型的海外認購權證，就必須考慮匯率風險，因為當投資人選擇到期履約，匯率水準可能會影響履約價值，投資人不得不注意。

### 個股型海外認購權證範例

| 權證名稱 | 元大○○ | 權證代號 | ○○○○○ F |
|---|---|---|---|
| 標的名稱 | 中國移動 | 上市日 | 2010/07/01 |
| 行使比例 | 0.1 | 到期日 | 2010/12/31 |
| 履約價 | 港幣 85 元 | 中國移動 7/13 股價 | 港幣 79.35 元 |
| 計算日期 | 2010/07/13 | 波動率 | 25％ |
| 參考匯率 | 4.14 | | |
| 權證價格 | 新臺幣 1.37 元 | | |

### 指數型海外認購權證範例

| 權證名稱 | 元大○○ | 權證代號 | ○○○○○ F |
|---|---|---|---|
| 標的名稱 | 恆生指數 | 上市日 | 2010/07/01 |
| 行使比例 | 0.1 | 到期日 | 2010/12/31 |
| 履約價 | 21000 點 | 中國移動 7/13 股價 | 20431 點 |
| 計算日期 | 2010/07/13 | 波動率 | 25％ |
| 參考匯率 | 無 | | |
| 權證價格 | 新臺幣 1.18 元 | | |

**Max（到期股價－履約價，0）× 行使比例 × 到期時匯率＝到期履約臺幣價值**

201X/07/13 元大○○權證，價格為臺幣 1.37 元，假設欲購買一張（1000 單位）權證，成本為多少元？

買進權證成本：1.37 元 ×1,000 ＝ 1,370 臺幣（不含手續費及交易稅）

**＊股票上漲，賣出權證獲利了結**

若 201X/08/02 時，中國移動上漲至港幣 85 元（＋7.1%），當天參考匯率為 4.14，在市場上賣出一張權證將獲利多少？

權證價格：臺幣 2.32 元

賣出獲利金額：2.32×1,000 － 1,370 ＝臺幣 950 元

（報酬率＋69.3%）結算

**＊股票上漲，權證持有至到期進行結算**

若持有至到期，到期日當天中國移動收盤價為港幣 90 元（＋13.4%），履約價為港幣 85 元，當天到期結算匯率為 4.30，則投資人可獲得多少結算金額及實際獲利為何？

到期結算金額：（港幣 90 元－港幣 85 元）× 1,000 × 0.1 × 結算匯率 4.30 ＝臺幣 2,150 元

實際獲利金額：2,150 － 1,370 ＝臺幣 780 元（報酬率為＋56.9%）

## 海外權證以臺股時間交易，個股型有匯差風險

　　各國交易所的交易時間不盡相同，例如：香港交易所交易時間，上午盤為上午 9 點 45 分至中午 12 點 30 分，下午盤為下午 2 點 30 分至下午 4 點 15 分。雖然是海外權證，不過操作時間卻還是以臺股交易時間為主，也就是從上午 9 點至下午 1 點 30 分；由於時間上的差距，反應遲鈍或是平常沒有在看盤的投資人，萬一反應不及，可能會錯失停利或是停損的時機。此外，海外權證沒有漲跌幅限制，而且在臺的發行檔數少，投資人要格外注意。

## 「指數型海外認購權證」到期價值的計算方式

**Max（到期指數－履約價，0）× 行使比率＝到期履約臺幣價值**

201X/07/13 元大〇〇權證，價格為臺幣 1.18 元，假設欲購買一張（1000 單位）權證，成本為多少元？

買進權證成本：1.18 元 × 1,000 ＝ 1,180 元臺幣（不含手續費及交易稅）

**＊恆生指數上漲，賣出權證獲利了結**

若 201X/08/02 時，恆生指數上漲至 21,000 點（＋5%），在市場上賣出一張權證將獲利多少？

權證價格：臺幣 1.38 元

賣出獲利金額：（1.38 － 1.18）× 1,000 ＝臺幣 200 元（報酬率＋16.9%）

**＊恆生指數上漲，權證持有至到期進行結算**

若持有至到期，到期日當天恆生指數收盤點數為 23,000 點（＋15%），履約點數為 21,000 點，則投資人可獲得多少結算金額及實際獲利為何？

到期結算金額：（23,000 － 21,000）× 1,000 × 0.001 ＝臺幣 2,000 元

實際獲利金額：2,000 － 1,180 ＝臺幣 820 元（報酬率為＋69.4%）

## 國內權證與海外權證比較

|  | 國內標的權證 | 海外標的權證 |
|---|---|---|
| 連結標的 | 臺灣個股、指數、ETF | 外國股票、指數、ETF |
| 權證代號 | 認購權證：六碼數字 030001 ～ 089999<br>認售權證：五碼數字＋P 03001P ～ 08999P | 認購權證：五碼數字＋F 03001F ～ 08999F<br>認售權證：五碼數字＋Q 03001Q ～ 08999Q |
| 權證交易幣別 | 臺幣 | 臺幣 |
| 股票交易幣別 | 臺幣 | 外幣 |
| 交易單位 | 一張＝1000 單位 | 一張＝1000 單位 |
| 交易時間 | 臺北股市交易時間 9:00 ～ 13:30 | 臺北股市交易時間 9:00 ～ 13:30 |
| 券商報價時間 | 臺股開盤後 5 分鐘內、臺股收盤前 5 分鐘內不報價 | 外國股市未開盤時，不報價臺股與外國股市同時開盤才報價 |
| 權證類型 | 美式 / 歐式 | 歐式（不可提前履約） |

第2天

# 如何買賣權證

權證選擇何其多,我應該如何挑選?有哪些判斷方式和指標,是進場前就必須先理解的呢?究竟要怎麼慎選權證,我才能夠獲利?

第 **1** 小時　影響權證價值的因素

第 **2** 小時　如何評價權證

第 **3** 小時　免費軟體聰明選

第 **4** 小時　權證的停損與停利

# 影響權證價值的因素

券商發行權證前，會仔細地計算權證的權利金到底值幾何？主要的考量因素有五個，這幾個被視為會影響權證價值的條件，包括：履約價、標的股票價格、標的股票價格的歷史波動率、存續期間和利率等五大因素。其中，投資人要特別注意履約價和存續期，因為當履約價的價外情況愈高，或是存續期愈接近到期日，這張權證成為「歸零」膏的機會愈大！

單元重點

・履約價價內＋存續期高，權證價值高
・履約價深價外，權證易成「歸零」膏
・市場供需影響股價，股價影響權證權利金

## 權證價值影響因素，關注五大要點

**Q 操作權證除了要特別注意時間限制，還有哪些因素也會影響權證的價值呢？**

**A** 由於券商在計算權證的理論價格時，是透過「權證定價模型」作為權證定價的依據，因此，權證定價模型內的參數，都會影響權證的價格高低。而權證內在的影響因素有五

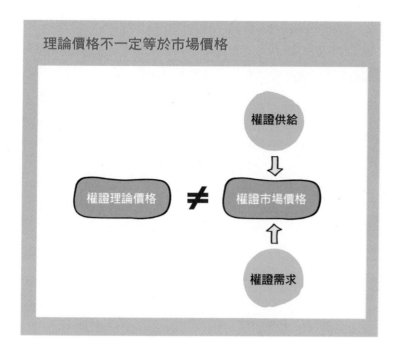

**理論價格不一定等於市場價格**

權證供給

⬇

權證理論價格　≠　權證市場價格

⬆

權證需求

大類，包括：**標的股票價格、履約價、標的股票歷史波動率、存續期間和利率**；外在的影響因素則是包括：市場價格、供給和需求等三要件。

**Q** **標的股價、履約價與權證的關聯性是如何？**

**A** 由於標的股價和權證價格呈正向關係，通常標的股價愈高，認購權證（call）的價格，也會跟著水漲船高，同時間的認售權證（put）價格，卻是隨之下滑。

再來看到履約價格的部分，履約價代表未來股價可能會達到的價格，因此，這個價格就會深深影響投資人的預期心理！所以，當履約價格愈低，認購權證的價值就會愈高（因為大多數的人會覺得履約價距離股票的市價很近，所以容易履約，因此就愈有意願出價買權證，自然而然，權證的價格就跟著水漲船高）。而因為認售權證的概念與認購權證相反，所以，在同一時間、同一標的物之認售權證價格就會愈

低（因為大多數的人會覺得履約價距離股票的市價很近，如果履約的話，要不就無利可圖，要不就根本是虧錢的狀態，自然而然，權證的價格就因為乏人問津而下跌）。

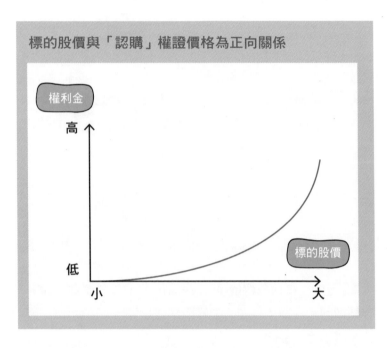

標的股價與「認購」權證價格為正向關係

權利金

高

低

小　　　　　　　　　大

標的股價

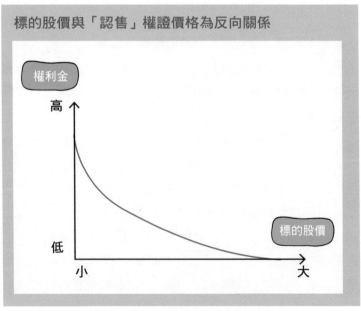

標的股價與「認售」權證價格為反向關係

權利金

高

低

小　　　　　　　　　大

標的股價

　　由以上的說明可知，投資人買賣權證之前，要注意標的股的市價與履約價之間的差距有多少，再決定現在買權證有沒有賺頭？會不會買貴了？因此，投資人必須瞭解自己打算投資的權證，現在是處於價平、價外還是價內？

## 價平／外／內，僅價內權證有履約價值

**Q** 價平、價外、價內是什麼意思呢？

**A** 我們以認購權證為例，假設 S 代表現貨價格，K 代表履約價格。這兩者間的大小關係，會有三種情況：

**① 價平（ATM，At The Money）：**
當目前股價與履約價一樣，就是 S＝K，這稱為價平。

**② 價外（OTM，Out of The Money）：**
當履約價高於目前股價，S＜K，就是價外；換句話說，就是目前根本沒有履約價值，你買了這種權證之後，不可能馬上要去跟券商履約換購股票。深度價外的權證和標的股價變化的連動程度會非常小，也就是當標的股價上漲一元時，權證上漲的幅度非常小，絕對不到一元。那是因為履約價格離現在的股價愈遠，被履約的可能性就會逐漸降低，此時，權利金就會愈便宜。如果投資人只看到「便宜」兩個字就想下手，最大的風險就是投資人買了卻沒辦法脫手，權利金全部賠掉，就是吃下「歸零」膏！

**③ 價內（ITM，In The Money）：**
當履約價低於目前股價，S＞K，就是價內；換句話說，就是目前已經有履約價值，你買了這種權證之後，馬上就可以去跟券商要求履約、換購股票。當權證呈現價內狀態時，權證和標的股價的變化就愈趨於一致性；如果行使比例等於 1 時，權證的上漲價格，就會跟股價上漲的價格同步，也就是當標的股價上漲一元時，權證也會上漲一元。

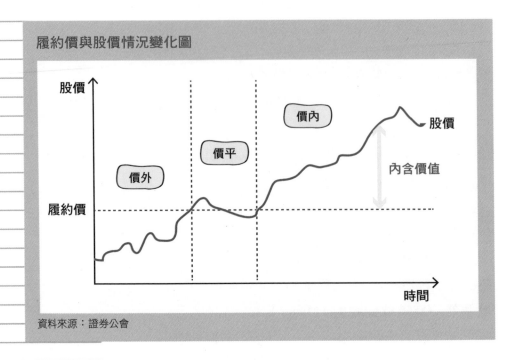

履約價與股價情況變化圖

股價

價內

股價

價平

內含價值

價外

履約價

時間

資料來源：證券公會

我們分別以認購權證和認售權證來舉例：

### ☆看多看漲──認購權證

某標的股票 A 的現貨價為 70 元，假設連結 A 股票的**認購權證** AC 的履約價也為 70 元，表示到期時（或到期前）可以用 70 元買進 A 這檔股票。假設投資人對未來 A 股價的**趨勢看多看漲**，可以購買 AC 這檔認購權證（假設支付權利金 X 元）。如果在到期時 A 股價已漲至 80 元，這就是屬於價內情況，AC 權證的持有者可用 70 元買進 A 這檔股票，等於就是馬上獲利 10 － X 元。萬一看錯趨勢，這時候 A 股價跌到 70 元或 70 元以下，處於價平或價外情況，如果要投資人以 70 元買進該檔股票，就不符合成本效益，這時候，最好是選擇放棄履約，考慮出脫權證，停損會比較好。

### ☆看空看跌──認售權證

某標的股票 B 的現貨價為 70 元，假設連結 B 的**認售權證** BP 的履約價也為 70 元，表示到期時（或到期前）可以用 70 元賣出 B 這檔股票給發行券商。假設投資人對未來 B

股價的趨勢**看空看跌**，可考慮購買 BP 這檔認售權證（假設支付權利金 Y 元），如果到期時 B 股價已跌至 60 元，屬於價內情況，BP 權證持有者可用 70 元賣出 B 這檔股票給發行券商，等於是馬上獲利 10－Y 元。相反地，萬一錯估趨勢，B 股價漲至 70 元或 70 元以上（價平或價外），投資人自然不會選擇以 70 元賣出該檔股票，所以，最好是放棄履約，考慮直接出脫權證停損會比較好。

此外，投資新手最好避免投資深度價外的權證，雖然深度價外的槓桿比例會比較高，不過新手較難以判定該何時進出場，吃虧的機率會比較高！

### 認購／認售權證的履約價情況

|  | 認購／Call | 認售／Put |
|---|---|---|
| 價內 | 履約價＜現貨價<br>（低價買進） | 履約價＞現貨價<br>（高價賣出） |
| 價平 | 履約價＝現貨價 | 履約價＝現貨價 |
| 價外 | 履約價＞現貨價 | 履約價＜現貨價 |

**Q 歷史波動率、利率和存續期，這三者對於權證又各有什麼影響？（以認購權證為例）**

**A** 歷史波動率指的是標的股價以往一段期間的波動程度，當標的股價的波動率愈大，代表該檔股票的股性很活潑，很有機會在存續期間內上漲超過履約價，變成價內的情況，讓投資人有機會可以履約，自然而然權證的價值會愈高。

**重點** 一檔股票的歷史波動率無法反應當下的波動程度。歷史波動率愈高，權證被履約的機率就愈高、權證的價格也將愈高。

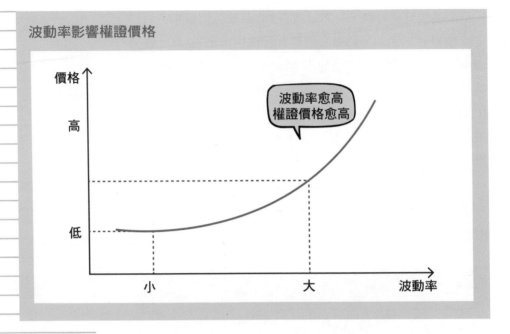

波動率影響權證價格

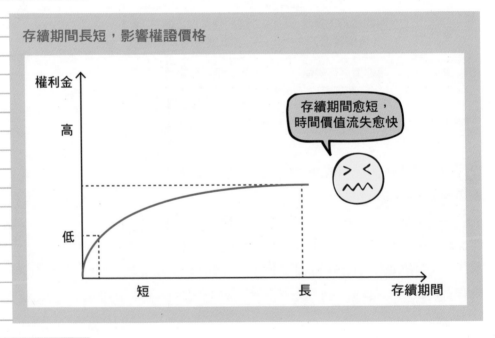

存續期間長短，影響權證價格

**存續期間：**存續期間的長短，被稱為具有**時間價值**；當存續期間愈長，代表權證的「餘命」愈長，等候變成價內的機率也相對提高，甚至有機會等到所連結之標的個股的股價上漲到大幅超越履約價；因此，這樣的權證價值就會比較高。相反地，存續期間愈短，時間價值流失地愈快，權證如果來不及在「餘命」內等到處於價內情況的話，歸零的機率會很大，權證的價值就會愈低。建議投資人在選擇權證時，選擇存續期在三個月以上、甚至接近半年的，時間較長，也比較有機會獲利！

**利率：**當市場利率愈高時，表示資金借貸的成本比較高，權證價格也會比較高；當市場利率愈低時，資金借貸成本比較低，權證價格也會比較低。雖然利率和權證價格是呈現正向關係，但是，除非一般市場利率的變化非常高或是非常低，否則，利率對於權證價值的影響力，一般不如其它的因素來得明顯有力。

## 權證影響因素與理論價格變化關係表

| 影響因素 | 情況 | 認購權證價格 | 認售權證價格 |
|---|---|---|---|
| 標的股價 | 漲 | 漲 | 跌 |
| 履約價 | 高 | 跌 | 漲 |
| 歷史波動率 | 高 | 漲 | 漲 |
| 距到期天數 | 長 | 漲 | 漲 |
| 市場利率 | 高 | 漲 | 跌 |

## 交易量

交易量是指某個特定時段內，證券或者合約成交數量的通稱。市場交易量的變化可以反映資金進出市場的情形，可說是判斷市場走勢的重要指標。

## 窒息量

量能萎縮到只有近期最大成交量的十分之一左右，是買賣雙方都極度縮手而出現的一種量能快速萎縮現象。

## 量先價行

成交量放大，股市則會上漲；成交量縮小，股市則會下跌。這就是所謂的量先價行。
以目前情況來說，如果成交量落在 1200 億到 1500 億之間，算是正常範圍；但若連續幾天低於 1000 億以下，表示有很多人對於這個市場的未來走勢心灰意冷，多半都退出這個市場了！

**Q** 那麼，外在的影響力有哪些呢？

**A** 既然權證跟現股有連帶關係，投資人要投資權證，就不得不關心臺股的情勢變化；而想要預測臺股未來的趨勢，「股價」和「交易量」是兩個重要指標，因為這代表市場上的供需情況。從歷史的經驗來看，通常窒息量和爆大量出現時，我們可以藉此判定人氣是散去？還是回籠？如果只在乎個別股價的漲跌，卻忽略了交易量的多寡與異常變化，投資人很容易誤判情勢，結果買高賣低，成為套牢一族，最後讓權證歸零，還等不到履約的契機，那就不妙了！因此，買賣權證之前，先看看所連結的標的個股的價量關係如何？再來考慮是否進場都還不遲。

## 量先價行，有量才有價

**Q** 股市很熱絡，大家才會進場。但問題是，到底怎樣的交易量，才是可以進場的安全值？我該如何判定吉凶？

**A** 所謂安全的成交量，應該是要考慮到相對於大盤的指數位置、以及前一段時間的交易量而言。以目前的情況來說，臺股成交量超過 1500 億就可以算是過熱了，超過 1900 億，就表示市場已經很瘋狂（要提醒投資人的是，這個交易量大小沒有一個絕對數值可以參考，跟政策與景氣的變化息息相關。當 2012 年聽聞要復徵證所稅後，許多大戶都遠離股票市場，自此而後，臺北股市的成交量不足 1000 億，竟然成為常態！），這時候認購權證的投資人應該要準備收手、不要再留戀，更別說加碼進場了。如果手中有股票的，應該選擇在此時出場，獲利了結，以免紙上富貴一場；投資人也千萬不要選擇在此時買入認購權證追高進場，不然有可能接棒成為最後一隻老鼠！

股市交易熱絡、指數漲到最高點時，通常容易出現成交量急速放大的狀況，這個時候反而是行情即將反轉的危險訊號。投資人應該對「成交量」的意義秉持正確觀念，不要因為看到成交量放大，就假設行情會持續熱絡，導致砸大錢投資卻有去無回。

**Q 這樣的數值永遠都適用嗎？**

**A** 成交量的高低，除了其絕對的大小數值外，也要看指數所在的位置，你必須參考過往一段時期的交易量才能作為判定的標準！

例如 2007 年底到 2008 年金融海嘯之前，臺股每天平均交易量大約都在 3000 億左右，最少也是 2400 億起跳，那個時候的指數位置在 9000 點以上。所以，投資人自己也要明白：交易量這種東西不是絕對值，而是**相對值**！還有，多頭轉空頭、或者是空頭轉多頭，會有一個轉折點，那個「量」也是參考值，如果本來均量是 1800 億，卻突然降到 1200 億，這個成交量降太多，也是一個警訊！

 成交量不是絕對值，只能當作相對值來參考。

**Q 如果現在的交易量只是 1200 億到 1500 億左右，那和動輒 2400 億成交量差距的資金跑到哪裡去了？**

**A** 有可能是外資把錢抽出去了；也有可能是投資人不買股票，把錢投資到別的地方，或者是存起來了。同樣道理，投資人如果看到交易量很大，我們就要觀察這些熱錢是追逐哪些少數的個股？因為有人追、有人捧，股價才會上揚，這就是「量先價行，有量才有價」的道理！

量價背離有二種情形，包括量增價跌（成交的數量增加，但成交的價格反而下跌）、量縮價漲（成交的數量減少，但成交的價格反而提高）。

## 量價背離，風險大的高價股

**Q** 那如果市場大盤呈現價量背離，每天成交量都一直在萎縮，卻只有某幾支個股的股價一直在上漲，代表的意義是什麼？

**A** 那表示只有少數人在玩、或者是有心人在操作，但其實很多大戶已經落跑了，可是搞不清楚狀況的散戶，只會看到這支個股的股價已經突破高價區、量也不小，這時候跳進場，剛好變成幫忙抬轎的人！

還有一種是看到報紙刊登外資推薦報告才進場的人，也很容易被套牢；當他們被套牢了，就會宣稱外資報告不可信。這其中的原因，可能是之前這些外資券商的客戶已經開始布局，等到報告發布之後，吸引一般散戶進場時，就剛好是之前已經布局買股票的外資法人逢高獲利了結的時機了。

量價關係的基本原理

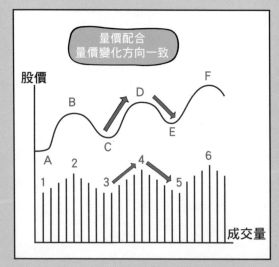

C→D 股價上漲，3→4 成交量增加，就是「價漲量增」。
D→E 股價下跌，4→5 成交量減少，就是「價跌量縮」。
分時走勢和成交量呈現高對高、低對低，就是量價配合的行情。

**Q** 那怎麼辦？我該怎麼判定？

**A** 對於如何看外資報告，可以注意三點：這份報告是誰出的？報告出爐的時間點？多看幾家券商的分析報告！

首先，第一個要看這份報告是誰出的！

投資人要看這個寫報告的分析師或是研究員，以往對於這家公司股價的追蹤報導是不是一致？意思是說，他對於所追蹤的公司是不是有延續性？而不是今天喊多、明天喊空。通常外資對個股的評等有時候分三大類，例如：「買進」和「賣出」之外，還有個「中立」的評價；而另外一種五大類的評等，會包括「短線買進」或是「短線賣出」。

還有，出報告的分析師和實際上買進股票的外資機構，有時候也要同時參酌考量。券商的研究員和分析師，都希望自己所提供的報告很準、具有參考價值，這樣才能吸引投資人跟進，也才能賺得到經紀手續費！不過，這家券商出的研

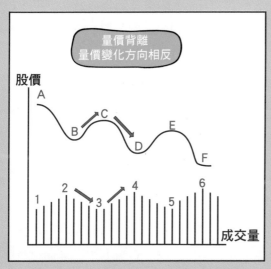

B→C 股價上漲，2→3 成交量減少，就是「價漲量縮」。
C→D 股價下跌，3→4 成交量增加，就是「價跌量增」。
分時走勢和成交量呈現高對低、低對高，就是量價背離的行情。

究報告，它的客戶（也就是有些基金公司的經理人）不一定會跟著買進，這也就是為什麼某外資的研究報告看多某一家公司，而實際上被檢驗的時候，卻發現這家券商的客戶竟然是賣超該檔個股的，代表說這個外資報告是沒人理會、引不起共鳴的！但是報紙上卻刊登這個推薦買進的研究報告，投資人如果照單全收的話，其後果就可想而知。

**Q 報告出爐的時間點有什麼重要性嗎？**

**A** 因為外資報告也是有產出的流程。分析師或是研究員想要推薦某支股票，從有了想法到寫完報告，中間文字要修改、字斟句酌，還要通過內控程序，等到報告可以發表的時候，時間可能經過一、二個星期了；但是，股價會等你一、二個星期嗎？

因為有這時間上的落差，有些分析師在寫完報告之前，為了搶時效，可能已經透過某些管道讓重要客戶先行知道該檔個股未來的前景變化情形了，相信該份報告的客戶就有可能先下單。因此，如果等到報告公諸於世，投資人看到這些新聞時，都不知道已經是第幾手的「新」聞了。

而這些訊息如果形成一股跟風，股價就會上漲；既然股價上漲了，已經搶頭香買進股票的某些外資客戶，看到股價漲幅驚人，自然會選在此時脫手，剛好就成了「賣超」的結果。

**Q 如果我只相信某家券商的分析報告，就單看一家券商的報告可行嗎？**

**A** 比如有很多分析師都會撰寫鴻海的研究報告，可是他們的看法不見得都會一致，投資人可以選擇多看幾家做比較。但是如果外資分析師都不約而同地推薦某檔個股，那大概就錯不了；但如果只有少數幾家推薦買進，那就要看這些券商推薦的理由是什麼？

　　曾有傳聞說，平面媒體誤拿了幾個月前、甚至是一年前的分析報告刊登，後來才發現是烏龍一場；可是投資人已經因為看到這份報導而作出了投資決策。有時候媒體記者拿到十份外資研究報告，說不定其中有九家看多，只有一家看空，可是該報卻只是將看空的報告登出來，結果變成反向指標。所以，投資人多看幾家券商的分析報告及媒體報導，其實會比較穩當，畢竟權證無法像股票可以長抱，一旦住進套房，時間價值慢慢消逝，到期歸零，那就很悲慘了！

　　只看一家券商或是分析師的報告，容易被單方面的資訊誤導。投資人應該多看幾家的分析，才不會莫名其妙一進場就搬進套房！

## 量價 VS. 個股，基本面和話題性並非與股價成正相關

**Q　所以看報紙做股票、買權證，有時候反倒會被套牢囉？**

**A**　投資人買股票、買權證最大的理由，就是希望可以賺錢，也就是投資人買的是一個遠景、一個美好的未來，進而選擇股票或認購權證；如果未來沒有辦法被期待、現在被推崇的技術，有可能在不久的將來，被視為明日黃花；於是出現今年營收創新高，利潤也是相當豐厚、而且還是當紅炸子雞的個股，卻在利多消息見報、散戶歡天喜地進場時，反倒給予大戶或法人出脫下車的機會，讓沒有習慣追蹤個股表現的投資人慘遭套牢。而對於選擇認購權證的投資人來說，真的是荷包大失血了。因此，「盡信書不如無書」，投資人千萬不要輕易地看到這些「馬路新聞」就直接進場買股票或權證，那下場多半會是慘不忍睹的。就算大部分的消息是真的，可是，我們還得考量這消息是第幾手的，以免老是陷入「新聞怎麼都不準」的慨嘆之中。

# 如何評價權證

權證之所以被投資人戲稱為「龜苓膏」（歸零）的原因，在於權證雖然因為股票而來（所以權證是一種衍生性金融商品），但它的時間有限，一旦到期、沒有脫手，就會變成毫無價值的金融商品。那麼，如何挑選一檔會幫你賺錢的權證？注意以下幾個要點，就能讓你在權證市場中，嚐到甜頭。

單元重點

· 好券商首重隱波率，要低又要夠穩定
· 權證履約價愈接近市價愈好，到期日愈遠愈好
· 價內 15% 至價外 15% 以內，權證價值愈高

## 篩選權證前，要先慎選券商

**Q 為什麼權證的新手在下單前，要先學會選擇發行券商？**

**A** 剛踏進權證市場的新手，想要在「權」海之中悠游，最首要的兩件事情，第一就是慎選券商，第二就是篩選權證。

我們要先看看發行權證的券商是否優良？會不會坑殺投資人？會不會商品推出之後就不管了。所以，要觀察一家券商是否有良心？第一個就是它關不關心它所發行的權證？委買和委賣的掛單量是否充足？換句話說，就是要讓投資人買要買得到，賣要賣得掉。投資人可以從以下五大要點，作為評斷發行券商好壞的標準，包括：隱波率、價差比、選擇性、造市能力、客服品質。

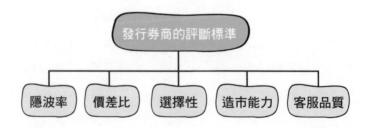

## 好券商要件一：隱波率低且穩定，價差比小

**Q** 什麼是隱波率？

**A** 隱波率就是「隱含波動率」的簡稱，最主要可以反應權證「貴」或是「便宜」。由於每一檔權證的條件不一，隱含波動率可以檢視這檔權證的權利金是貴還是便宜？在其他條件相同的情況下，一般來說，隱含波動率愈高，權證價格愈貴；相反地，隱含波動率愈低，權證價格就愈低。

簡單來說，假設在行使比例 1：1 的情況下，如果股價下跌一元，權證也會跟著下跌一元；但是有的券商會動手腳，在報價時，會「偷偷地」變成 1：1.2，這時候現股掉一元，權證要跌 1.2 元——甚至於要跌更低，券商才會接手。所以，簡單說，當 隱波率 高，權證就會比較貴；隱波率低，權證就會比較便宜。

值得注意的是，隱含波動率並非愈低愈好，因為這也不正常——畢竟虧錢的生意就算有人做，也有可能從別的地方找補回來——所以，一定要找到隱含波動率穩定且與同業相當的權證，才不會發生標的股漲了，但連結的權證卻不動如山或是漲不動的窘境！

**觀念速解 隱波率**

隱波率是用權證市價來反推標的股票的波動率數值，代表投資人預期標的股票未來的波動程度。

**重點** 隱波率變化大，代表買賣價差的變動大，要注意可能買貴了卻便宜賣，對投資人較為不利。隱波率變化小，代表價格變動比較穩定，買賣是在合理的範圍內。

**Q** 價差比的部分是愈高愈好？還是愈低愈好？

**A** 要找到委買和委賣間的 價差比 低的，對投資人來說，才比較公平一點。

舉例來說，在報價欄位上，看到委買價是 0.45，代表券商這時候想買進權證的價位，而券商想要賣出的權證價格，就要看委賣價。如果有 A 券商的委買報價是 0.45，委賣報價

**觀念速解 價差比**

價差比就是買賣價的差異占總金額的比例，可以看出投資人買進和賣出之間損失的成本。

為 0.46，表示我如果在同一時間跟 A 券商買權證，需要支付 0.46，但在同一時間我把權證賣給 A 券商，我只可以拿回 0.45。在一買一賣之間，我現虧了 0.01。如果另一家 B 券商的委買價為 0.45，委賣價為 0.50。兩相比較之下，前者讓我虧 0.01，後者會讓我虧 0.05！前者的價差比較低，所以相形之下，A券商算是比較有良心的券商。

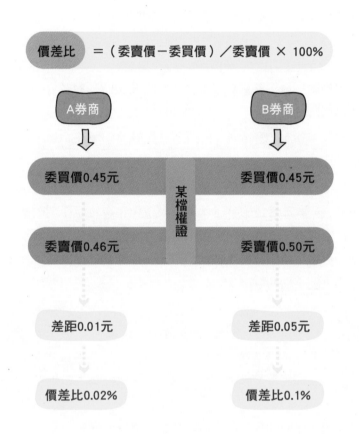

## 好券商要件二：權證選擇性和報單量要充足

**Ⓠ 同一家券商發行的權證，選擇性豐不豐富有什麼差別嗎？**

Ⓐ 舉例來說，同樣是買飲料，我在 A 超商可以有 100 種的選擇，B 超商卻只能買到 50 種。如果我同時想買可樂和奶茶，可是 B 超商只賣可樂，但是 A 超商卻兩種都有賣，為求方便，我當然會在 A 超商一次買足我想要的飲料。就像「東市買駿馬，西市買鞍韉，南市買轡頭，北市買長鞭……」，如果買個權證要像花木蘭從軍買配備如此麻煩又沒有效率的話，相信很多投資人光是考量到機會成本，就會打退堂鼓！如果權證的發行商夠大，投資人就可以一次買齊自己要的權證，不必在券商之間來回穿梭考慮，省去很多麻煩。

**Ⓠ 為什麼券商的造市能力很重要？**

Ⓐ 交易任何一種金融商品，都要考慮到是不是買得到、也可以賣得掉？也就是市場要有流通性。如果券商的造市能力很弱，只想把權證賣出給投資人就撒手不管，那麼，投資人等於是進入一場必輸的賭局。

　　有經驗的投資人多數認為，券商的造市能力部分要特別注意三大要點：券商報價與不報價時機、掛單量是否充足，以及券商調整隱波率的程度如何。

### ① 不報價時機：

權證發行券商在發行一檔權證時，除在公開銷售說明書記載不報價時機（法令規定）——包括集中交易市場開盤後五分鐘內、權證理論價格低於 0.01 元時、權證價格或標的價格漲停板時只報買進價格、權證價格或標的的價格跌停板時只報賣出價格、發行證券商無法進行避險時、日常運用出現技術性問題時等狀況外，均須依規定報價。既然上述情況是法令規定，那麼在這些情況之外，券商是不是會「不離不棄」的有報出委買及委賣價，讓想要買賣權證的投資人有所選擇呢？

② 掛單量是否充足：

為控管造市券商報價時買賣間的價差，證交所也規範造市券商須自行訂定買賣間價差最大升降單位，目前均訂為十個升降單位；也就是造市商報價時，買賣間價差僅能在十個升降單位內。此外，為維持市場流動性，證交所現行規定造市券商報價時，每筆委託數量至少為十張，因為掛單量充不充足，表示市場的流動性好壞，萬一買得到、賣不掉，或是賣得掉卻買不到，對投資人來說都不是很公平！

　　我們來用下圖舉例說明。這張是連結台積電的認購權證，右邊框起來的相關權證，綠色代表這時候是上漲，紅色代表下跌。隨便找一檔權證點進去之後，如果有看到權證代碼第六碼是 P 的話，根據我們之前的說明，就可以知道那就是認售權證；如果沒有 P，就是認購權證。

　　進入權證網頁之後，可以看到右下角，有「委買價／量」和「委賣價／量」，正常來說都是幾百張在交易，最慘也有

## 台積電相關權證 圖1

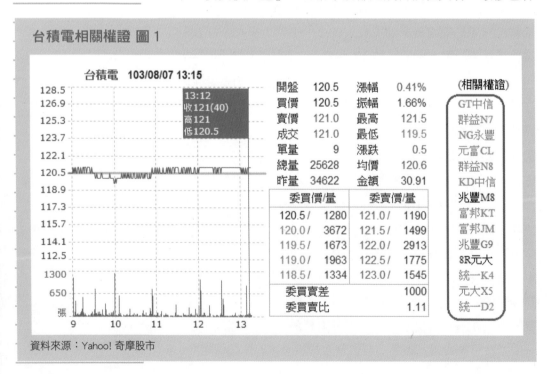

資料來源：Yahoo! 奇摩股市

幾十張,如圖所顯示的:委買價 0.30 只有十張;委賣價 0.54
也只有十張。如果你看到五個「委買價/量」和「委賣價/
量」都是只有這種十張甚至是個位數的的券商,或者甚至於
沒有報價出現的,代表這家券商是拋棄市場,沒有盡到道義
責任。對於這種券商,投資人能夠避免就避免吧!畢竟還有
很多優質券商發行的權證,等著你去挑選呢!

### ③ 調整波動率:

隱含波動率高低和權證價格成正比,而這個隱波率就是拿來
衡量權證是貴還是便宜的一種指標。前面提過,高隱波率的
權證比較貴,低隱波率的權證比較便宜。所以,隱波率穩不
穩定就顯得很重要!有些券商會藉著調動隱波率維持自己的
利潤,間接犧牲投資人,因此,選擇隱波率穩定的券商所發
行的權證作為投資首選,會比較安全。至於投資人該如何查

台積電相關權證 圖2

| 075831元大X5 | 走勢圖 | 成交明細 | 技術分析 | 新聞 | 基本資料 | 籌碼分析 | 個股健診 | 新版理財 |

凱基客戶專區:委託成交  庫存報價

凱基證券下單:○買 ○賣 [    ] 張 送出 零股交易

元大X5  103/08/05 11:58

| | 開盤 | 0.59 | 漲幅 | -22.03% | (個股) |
| | 買價 | 0.45 | 振幅 | 23.73% | 台積電 |
| | 賣價 | 0.46 | 最高 | 0.59 | |
| | 成交 | 0.46 | 最低 | 0.45 | |
| | 單量 | 1 | 漲跌 | -0.13 | |
| | 總量 | 1712 | 均價 | 0.50 | |
| | 昨量 | 1763 | 金額 | 0.01 | |

| 委買/價/量 | | 委賣/價/量 | |
|---|---|---|---|
| 0.45 / | 60 | 0.46 / | 291 |
| 0.44 / | 499 | 0.49 / | 499 |
| 0.42 / | 509 | 0.51 / | 340 |
| 0.40 / | 532 | 0.54 / | 10 |
| 0.30 / | 10 | 0.60 / | 66 |
| 委買賣差 | | | 404 |
| 委買賣比 | | | 1.33 |

資料來源:Yahoo! 奇摩股市

詢隱波率？可以上官網進入「權證資訊揭露平台」，這裡面的資訊包羅萬象，包括：委買隱波率（BIV）、委賣隱波率（SIV）、收盤隱波率（IV）……等等，都有訊息可以供投資人查詢。

**權證各隱波率顯示表**

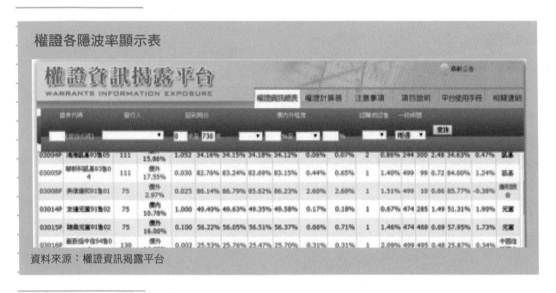

資料來源：權證資訊揭露平台

## 好券商要件三：客服好且關心權證漲跌情況

**Q** 如果這檔權證深受投資人青睞，因此而大賣完售，這樣的權證是不是也應該搶一張來投資才對呢？

**A** 很多投資人會以為，熱銷的權證既然很搶手，一定有利可圖；但其實完售的權證，也就是銷售一空的權證，有時才是你最該留神的！因為，這代表券商一張權證都沒有留給自己，將來權證的漲跌，跟自己比較沒有關係——特別是深度價外的權證，完全沒有履約價值時，既然券商手中毫無權證，那也就可以讓所有流通在外的權證自生自滅了！假設券商一開始發行一萬張，一單位二元，當權證賣光光了，券商賺走了權利金，券商沒留權證在自己手上，那麼這張權證的漲跌，說穿了和券商毫無關係，因為他手上沒有這檔權證。所以，完售的權證才是最有疑慮，最要小心的商品！

> **重點**
> 發行券商有權讓已經完售的權證增額發行、重回市場，使權證的價格恢復到合理範圍。但是，增額發行的整個流程需要費時一～二個星期，在這之前，這檔權證的價格都不可靠。

### Q 客戶服務品質的好壞，跟投資人有什麼關係嗎？

A 不論下單的是大戶或散戶，券商應該一視同仁，積極為客戶處理相關問題才對。對於只買一、二張權證的小散戶就不理人的券商，投資人當然也不用理會這樣的券商！

舉例來說，有一家上市藥廠叫做「基亞」（3176），它是國內新藥的模範之一，它因為研發肝癌新藥 PI-88，並且執行第三期臨床試驗，結果顯示 PI-88 安全性無虞；但依據各臨床中心醫師個別判斷肝癌復發資料顯示，主要療效指標「無疾病存活期」未達到預期療效，被外界視為端不出有效數據，引發股價大跌。

由於基亞（3176）股價連續 19 根 無量跌停 （跌到第 20 根停板，才打開跌停），被列為 處置股票 ，於是跟基亞連結的多檔認購、售權證也被列為處置股票，最多時候共有 25 檔權證被列為處置股票，成為櫃買史上單一標的被處置權證最多的一檔。即使基亞公司老闆親上火線，提供數據解釋澄清，甚至揚言提告不實指控，但對於基亞股價仍舊是無力回天。

由於股票被處置，就是要提醒想買、賣的投資人，它的財務或者其他未知的公司經營環節可能會出狀況，投資風險非常高。再加上，處置規範在 2014 年修正過後，處置股票必須是全額交割，而且還會依情況來決定它的撮合時間，導致想要出場的股票及權證投資人，都急得像熱鍋上的螞蟻！因為以基亞為標的相關權證，有高達 25 檔也被櫃買中心列為處置股票，同樣成為櫃買史上單一權證標的被列為處置的新高。

**觀念速解**
**無量跌停**

無量跌停表示該股票連續跌停，持有者都想把它賣掉，沒有人想買進。通常都是每天開盤即跌停鎖住。

**觀念速解**
**處置股票**

證交所在每個交易日都會監視市場交易狀況。個股如果近期的股價波動劇烈，異常天數達到一定程度時，就會被證交所列為處置股票，予以處置五個營業日；處置期間會以人工管制之撮合終端機執行撮合作業。若異常狀況特別嚴重，撮合一次的時間就再拉長，處置的天數也會延長。

# 基亞（3176）之認購權證

超過價外25% | 最後更新日：2014-08-19 | 重新排序 (排序說明) | 價內外差25%之內 ▲ | 超過價內25% ▼

| 權證代號 ▲ | 權證名稱 | 距到期日 | 發行人 | 價外外程度 | 行使比例 | 委買隱波 | 委賣隱波 | 一段時間買1 IV | 一段時間賣1 IV | 一段時間買1 IV最大變動值 | 一段時間賣1 IV最大變動值 | 買賣價差筆數 | 買賣價差比 | 委託買量 | 委託賣量 | 權證收盤價 | 收盤隱波 | 收盤與委買隱波間之差距 |
|---|---|---|---|---|---|---|---|---|---|---|---|---|---|---|---|---|---|---|
| 710891 | 凱基ZW | 14 | 凱基 | 價外 45.83% | 0.100 | - | - | 57.52% | 116.65% | 41.92% | 108.33% | - | - | - | - | - | 199.99% | - |
| 711262 | 中信QW | 56 | 中國信託綜合 | 價外 42.98% | 0.030 | - | - | 46.62% | 102.94% | 184.97% | 150.01% | - | - | - | - | - | 189.59% | - |
| 711282 | Q3元大 | 27 | 元大寶來 | 價外 40.91% | 0.040 | - | - | 7.64% | 145.48% | 74.06% | 97.14% | - | - | - | - | - | 190.84% | - |
| 711429 | W1元大 | 16 | 元大寶來 | 價外 56.67% | 0.150 | - | - | 52.02% | 90.27% | 87.02% | 181.23% | - | - | - | - | - | 160.18% | - |
| 711441 | 國泰UU | 16 | 國泰綜合 | 價外 39.53% | 0.100 | - | 199.99% | 0.00% | 195.39% | - | 36.81% | - | - | - | 28 | - | 117.03% | - |
| 711569 | RK富邦 | 55 | 富邦綜合 | 價外 43.48% | 0.030 | - | - | 29.80% | 126.64% | 101.11% | 189.24% | - | - | - | - | - | 196.25% | - |
| 711657 | 元大S2 | 59 | 元大寶來 | 價外 50.94% | 0.050 | - | - | 50.10% | 96.76% | 76.15% | 166.31% | - | - | - | - | - | 144.41% | - |
| 711689 | 元大T3 | 30 | 元大寶來 | 價外 48.00% | 0.100 | - | - | 23.16% | 116.78% | 62.05% | 161.73% | - | - | - | - | - | 199.99% | - |
| 711778 | 日愛V4 | 6 | 日愛 | 價外 51.49% | 0.070 | - | - | 42.29% | 128.85% | 105.79% | 188.11% | - | - | - | - | - | 199.99% | - |
| 711796 | 中信RL | 6 | 中國信託綜合 | 價外 53.24% | 0.140 | - | 199.99% | 65.89% | 120.52% | 21.00% | 133.86% | - | - | - | 10 | - | 199.99% | - |

1 2 3

資料來源：權證資訊揭露平台

# 基亞（3176）之認售權證

證券代碼 | 發行人 | 距到期日 | 價內外程度 | 認購或認售 | 一段時間

3176（基亞） ▼ | 0天至730天 ▼ | 價內 ▼ | 認售 ▼ | 三個月 ▼ | 查詢

價內外差 25%以內 | 最後更新日：2014-08- | 重新排序 (排序說明) | 超過價內25% ▲ | 超過價外25% ▼

| 權證代號 ▲ | 權證名稱 | 距到期日 | 發行人 | 價內外程度 | 行使比例 | 委買隱波 | 委賣隱波 | 一段時間買1 IV | 一段時間賣1 IV | 一段時間買1 IV最大變動值 | 一段時間賣1 IV最大變動值 | 買賣價差幅度 | 買賣價差比 | 委託買量 | 委託賣量 | 權證收盤價 | 收盤隱波 | 收盤與委賣隱波間之差距 |
|---|---|---|---|---|---|---|---|---|---|---|---|---|---|---|---|---|---|---|
| 71218P | 元大PA | 48 | 元大寶來 | 價內 23.53% | 0.080 | - | - | 66.45% | 18.38% | 0.00% | 0.00% | - | - | - | - | - | 199.99% | - |

超過價內25% | 最後更新日：2014-08- | 重新排序 (排序說明) | 價內外差25%之內 ▲ | 超過價外25% ▼

| 權證代號 ▲ | 權證名稱 | 距到期日 | 發行人 | 價內外程度 | 行使比例 | 委買隱波 | 委賣隱波 | 一段時間買1 IV | 一段時間賣1 IV | 一段時間買1 IV最大變動值 | 一段時間賣1 IV最大變動值 | 買賣價差幅度 | 買賣價差比 | 委託買量 | 委託賣量 | 權證收盤價 | 收盤隱波 | 收盤與委賣隱波間之差距 |
|---|---|---|---|---|---|---|---|---|---|---|---|---|---|---|---|---|---|---|
| 71162P | T6元大 | 3 | 元大寶來 | 價內 31.58% | 0.030 | - | - | 69.33% | 93.71% | 0.00% | 0.00% | - | - | - | 100 | - | 199.99% | - |
| 71226P | 元大PW | 84 | 元大寶來 | 價內 35.00% | 0.030 | - | - | 0.00% | 0.00% | - | - | - | - | - | - | - | 199.99% | - |
| 71259P | SH凱基 | 44 | 凱基 | 價內 40.91% | 0.030 | - | - | 0.00% | 0.00% | - | - | - | - | - | 12 | - | 199.99% | - |

超過價外25% | 最後更新日：2014-08- | 重新排序 (排序說明) | 價內外差25%之內 ▲ | 超過價內25% ▼

資料來源：權證資訊揭露平台

**Q 遇到這樣重大的事件，券商也會有所損失嗎？**

**A** 因為有造市的要求，所以券商在發行以基亞為標的之認購權證時，就須買進約當股數的基亞股票。之後因為基亞跌停，而且還跌個不停，造成券商手中的基亞現股出脫無門，也因此而使得發行券商損失慘重。

但是，也因為基亞股價慘跌，讓基亞的認購權證普遍達到深度價外程度，於是，30 天期以內的權證幾乎沒有券商報價要回收；30 天期以上的權證，雖然還有些權證券商掛出買單，但因為價差已經過大，多數持有投資人不願意認賠出脫，或是沒辦法出脫，時間一久，恐怕只會淪為壁紙，慘吞歸零膏！基亞事件不只重挫投資人，當初看好基亞而發行權證的券商，也成為受害者之一。

由此事件，我們更是學到了投資權證一定要注意權證所連結之標的個股的發展前景，也就是要注重標的個股的基本分析；關於基本分析這部分，我們會在第三天，另闢專章為讀者們解說。

**深度價外**

deep-out-of-the-money，係指購入權證的價格遠遠高於股票的市場價格。這時，權證的內在價值為零，但只要權證尚未到期，它還是具有時間價值的。

## 四大要點，幫你挑出會賺錢的權證

**Q** 選定券商之後，我該如何挑選權證呢？

**A** 因為到期前的權證市價等於是「內含價值」加上「時間價值」；而其中的內含價值則是指市價與履約價的價差，再乘以行使比例的結果，於是，上述的每一個參數都會影響到權證的價值。因此，投資人在挑選權證時，要特別注意四大原則：履約價、到期日、到期日在三個月左右、價內 15% 至價外 15% 以內的權證、行使比例愈大愈好。

　權證市價＝內含價值＋時間價值
　內含價值＝(市價與履約價之價差)×行使比例

### ① 履約價&到期日

履約價愈接近市價愈好，到期日愈遠愈好。

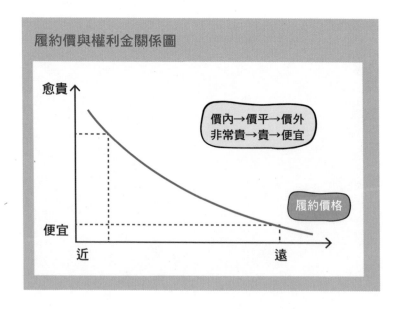

履約價與權利金關係圖

愈貴

價內→價平→價外
非常貴→貴→便宜

履約價格

便宜

近　　　　　　　　　　　遠

## ② 到期日在三個月左右

一般來說，距離到期天數愈長，因為有足夠的時間等待和觀察股價漲跌，因此，權證的時間價值高；距離到期天數短，因為等待和觀察股價的時間很短，甚至於不可能達到可以履約的狀態，因此，這樣的權證不具時間價值。假設萬一又是為價外情況，該檔權證價值將會是零，毫無價值。新手投資人可先設定到期日還有 60 天以上，保守型的投資人甚至可以選擇 90 天以上，這樣比較有充裕的時間等候獲利，以免短線行情不如預期，被迫停損、出脫權證。

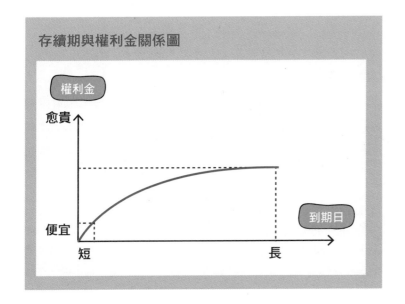

### ③ 價內 15% 至價外 15% 的權證較佳

當權證處於價內時，權證與股價漲跌的連動性較高，尤其是深度價內的權證，幾乎是亦步亦趨、趨近於股價的走勢，當標的股價漲／跌一元，權證也幾乎漲／跌一元，因為反應靈敏，權證價格也就愈貴；但也因為貼近於 1：1 的同步漲跌情況，實質槓桿數值也就變小了。

當權證處於價外時，因為跟股價連動的關連性較弱，所

以愈價外的權證，價格愈低。雖然實質槓桿倍數較高，但因為在預期時間內不太可能達到可以履約的狀態，所以也容易乏人問津，風險較高。如果想選擇購買深度價外權證的投資人，最好三思而行。

④ **行使比例愈大愈好**

行使比例指的是「一個單位的權證可以換到多少單位的股票」。以鴻海為例，假設持有每張行使比例 1：0.1 的權證，是指一張權證履約時可以換到 0.1 張（就是 100 股）鴻海現股，或者等值的價差現金。

一般來說，行使比例高的權證，對標的股票價格的連動性和敏感度都會較高，所以，權證價格也會比較高。如果行使比例太低，會稀釋與標的股價格變動幅度，因此，比例愈大對投資人愈有利！

有時候，熱門標的股連結的權證選擇性很多，如果只透過這幾個條件篩選，就還會有不少權證可供選擇。以台積電為例，現行市場上至少有 50 多檔權證可選；但如果多加進幾個條件來篩選，對投資人來說也是多一重保障！

 想挑選和現股的連動較好，又不介意成本較高的投資者，可優先選擇行使比例高的權證。至於行使比例低的權證，價格通常比較低，但計算後價差比拉大，就算日後股票真的上漲，投資人也不容易有賺頭。

**Q** **除了以上四個要件可以幫助投資人篩選權證，還有其他的方式嗎？**

**A** 由於權證具有槓桿效應，可以以少量資金參與股票市場，因此，成本槓桿和實質槓桿，以及 Delta 值的高低，都具有參考價值。

① **成本槓桿（Gearing）：買進一張股票的資金，可以買進多少張權證。**

成本槓桿 ＝ 標的股價 ÷ 權證市價 × 行使比例

假設標的股票的市價為 100 元，連結這檔個股的認購權證價格為十元，該權證的成本槓桿為十倍。換句話說，一現股＝十單位權證。

**② 實質槓桿（Leverage）：用來衡量以股價所取得的權證，當標的股價漲跌 1％ 時，若所有資金都投資於權證情況下，權證的報酬漲跌幅度。**

 實質槓桿＝成本槓桿倍數 ×Delta

假設某股票市價為 72 元，履約價為 80 元，權證市價為 2 元，行使比例為 0.5，Delta 值為 0.5。經過計算之後，成本槓桿 18 倍，實質槓桿九倍。

> **槓桿的算式**
>
> 成本槓桿＝ 72 ÷ 2 × 0.5 ＝ 18
> 實質槓桿＝ 18 × 0.5 ＝ 9

**③ Delta 值：指的是「避險比率」，當標的股價變動一元時，權證價格連帶變動的大小。**

 Delta ＝權證價格變動金額 ÷ 標的股價變動金額

| | 實質槓桿 | **Delta 值** |
|---|---|---|
| 愈價外的權證 | 愈高 | 愈小 |
| 愈價內的權證 | 愈低 | 愈大 |

假設標的股價為 100 元，Delta 為 0.7，連結該股的認購權證價格為十元，則其成本槓桿為十倍，此時，其有效槓桿為 $10 \times 0.7 = 0.7$。換句話說，當標的股票上漲一元時，在所有資金都投資於權證情況下，該權證的報酬為七元，為投資標的股之七倍。

 股價上漲愈高，Delta 值愈大；股價下跌愈多，Delta 值愈小。

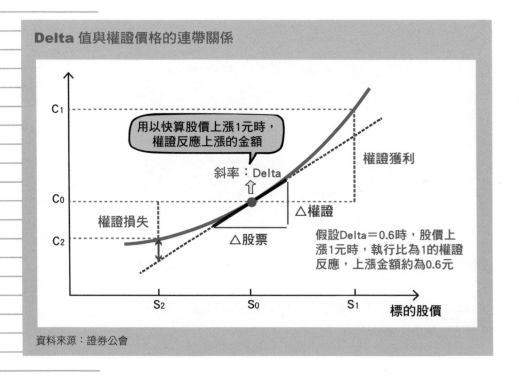

**Delta 值與權證價格的連帶關係**

用以快算股價上漲1元時，權證反應上漲的金額

斜率：Delta

權證獲利

權證損失

△權證

△股票

假設Delta＝0.6時，股價上漲1元時，執行比為1的權證反應，上漲金額約為0.6元

標的股價

資料來源：證券公會

④ **內含價值（Intrinsic Value）：指的是權證的履約價值。但是，權證必須在「價內」時，才有內含價值。**

 認購權證：（標的收盤價－履約價格）× 行使比例
認售權證：（履約價格－標的收盤價）× 行使比例

舉例來說，假設認購權證的行使比例為 1，履約價為 100 元，當標的股票漲到 110 元時，此時的「認購權證」的內含價值為十元。

假設認售權證的行使比例為 1，履約價為 100 元，股票跌到 90 元時，此時的「認售權證」的內含價值，也是十元。

## 權證貴不貴？二種指標數值幫你檢視

① **溢價比**：買一張權證比買一張股票便宜多少倍？溢價比例就是一個很好的參考值。

溢價比 ＝（權證價格／標的股價）× 行使比例

溢價比愈低，權證在到期時履約的可行性愈高；溢價比愈高，表示權證的目標價格跟市價相差太遠，未來到期就歸零的風險很高。

② **歷史波動率：指標的股票過去一段時間內股價波動的幅度**

通常股票的波動度愈大，相對表示連結的權證也愈活潑，權證的價值也容易跟著水漲船高；相反地，股票的波動度愈小，表示股價表現愈趨平淡，權證的價值當然也是每況愈下。

| 股票波動度大 | 權證價值 ⇧ |
|---|---|
| 股票波動度小 | 權證價值 ⇩ |

溢價比

溢價比是用來衡量權證的買入成本，也就是買入權證進行履約，會比直接投資現股要多出的費用。

# 免費軟體聰明選

E 化時代，投資人上網買賣權證已是趨勢；而大多數的券商為了吸引客戶，也會提供免費軟體給投資人使用，軟體中，除了有個股的基本面、技術面、籌碼面等資訊之外，還提供眾多的功能選項，幫助投資人篩選權證。

> 單元重點
>
> ・新手選權證，先確認要「認購」還是「認售」
> ・老手選權證，看清「隱波率」才下手
> ・絕對搜尋要件：「天期」、「價內外」、「價差比」

## 不必大海撈針，善用軟體選權證

**Q 如果我是新手，想要蒐集權證資訊，有沒有比較方便的管道呢？**

**A** 一般券商都會提供「無料」（免費）的訊息；但是有些券商卻要求一定要是他們的客戶才能夠使用這些免費資源，而有些券商就比較大方友善，可以提供給眾多網民實用的資訊。例如：凱基的權證網、群益證券的「權民最大網」等，就是很不錯的選擇。

　　就規模來說，元大證券算是國內首屈一指的券商，因此，對於篩選權證軟體的功能算是方便親民。再加上元大證券在權證市場的市占率最高，占比接近一半，因此，元大權證網裡有很多詳盡的資訊可以參考；另外，他們也考量到權證新手初上路會有很多疑問，因此，還特地設有快搜的功能，減少權證新手摸索的不便。

　　現在，我們就以元大的智慧搜尋功能為例，介紹如何利用設定篩選項目，來挑選好的標的股票。首先，進入「元大權證網」，接著點選「智慧搜尋」，就會進入搜尋網頁（https://www.warrantwin.com.tw）。

資料來源：元大證券

　　第一次使用的投資新手，如果不知道該如何選擇權證，可以先看到下方有個「智慧條件如何選」，裡面的資訊有：

① 距到期天數 60 天以上：有足夠時間等待獲利

② 價內外程度 ±15% 以內：兼顧連動性與槓桿效果

③ 買賣價差比 ≦ 2.5%：交易成本低

④ 流通在外比率＜ 80%。

　　這四個條件，在本書中的相關章節裡，都可以找到說明；現在有個篩選軟體直接把這幾個條件變成「參數」讓你可以選，至少就有了方向，不致於在茫茫「權海」中迷失了。

**Q 如果我已經有鎖定的標的，只是想找到合適的權證的話，又該如何操作？**

**A** 假設投資人有鎖定的標的，例如：台積電（2330），一般認為台積電目前已到合理的價位，未來將會盤堅向上，那麼就可以選擇台積電的認購權證。讀者們可以按照如下的步

驟，找到元大 DH、ZL 元大、EN 富邦（註），台積電的股價（就是「標的價格」那一欄）依圖示為 129 元，但履約價格都不相同。投資人可以再觀察一下這三檔的買賣價差比，還有成交量等訊息，決定買進的標的。

**註** 由於權證可能因為到期而下市，從網頁上除名；因此，現在書本上所舉的標的股票，有可能在讀者實際上網操作時，已經找不到了，那就代表該標的已經下市。但是篩選的步驟還是不變。

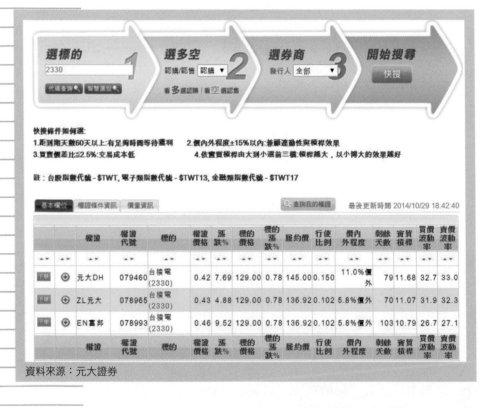

選標的
2330
代碼查詢　智慧選股

選多空
認購/認售　認購 ▼
看多選認購 | 看空選認售

選券商
發行人　全部 ▼

開始搜尋
快搜

快搜條件如何選：
1. 距到期天數60天以上：有足夠時間等獲利　　2. 價內外程度±15%以內：兼顧連動性與槓桿效果
3. 買賣價差比≦2.5%：交易成本低　　　　　　4. 依實質槓桿由大到小選前三檔：槓桿越大，以小博大的效果越好

註：台股指數代號－$TWT, 電子類指數代號－$TWT13, 金融類指數代號－$TWT17

基本權位　權證條件資訊　價量資訊　　　　　　　　查詢我的權證　　最後更新時間 2014/10/29 18:42:40

| | | 權證 | 權證代號 | 標的 | 權證價格 | 漲跌% | 標的價格 | 標的漲跌% | 履約價 | 行使比例 | 價內外程度 | 剩餘天數 | 實質槓桿 | 買價波動率 | 賣價波動率 |
|---|---|---|---|---|---|---|---|---|---|---|---|---|---|---|---|
| | | | | | ▲▼ | ▲▼ | ▲▼ | ▲▼ | ▲▼ | ▲▼ | ▲▼ | ▲▼ | ▲▼ | ▲▼ | ▲▼ |
| 認購 | ⊕ | 元大DH | 079460 | 台積電(2330) | 0.42 | 7.69 | 129.00 | 0.78 | 145.00 | 0.150 | 11.0%價外 | 79 | 11.68 | 32.7 | 33.0 |
| 認購 | ⊕ | ZL元大 | 078965 | 台積電(2330) | 0.43 | 4.88 | 129.00 | 0.78 | 136.92 | 0.102 | 5.8%價外 | 70 | 11.07 | 31.9 | 32.3 |
| 認購 | ⊕ | EN富邦 | 078993 | 台積電(2330) | 0.46 | 9.52 | 129.00 | 0.78 | 136.92 | 0.102 | 5.8%價外 | 103 | 10.79 | 26.7 | 27.1 |
| | | 權證 | 權證代號 | 標的 | 權證價格 | 漲跌% | 標的價格 | 標的漲跌% | 履約價 | 行使比例 | 價內外程度 | 剩餘天數 | 實質槓桿 | 買價波動率 | 賣價波動率 |

資料來源：元大證券

　　至於這三檔又該如何擇一呢？假設我們以上述條件：距到期天數 60 天以上、價內外程度正負 15% 以內、買賣價差比≦2.5%，以及槓桿愈大愈好，這四點來評估這三檔證券。

　　從右頁「權證條件資訊」和「價量資訊」兩張圖表來比較，這三檔權證到期日都超過 90 天，買賣價差比也都小

於 2.5%，但是 EN 富邦的買賣價波動率較低，買賣價差比較小，成交量也有近千張，加上在價平附近（因為價平附近的權證，兼顧槓桿效果及連動性，是較適宜的選擇）。如此一來，EN 富邦似乎是比較可以選擇的權證。

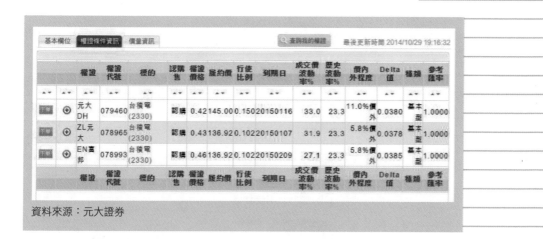

資料來源：元大證券

資料來源：元大證券

## 沒頭緒，可從「基本面」、「概念股」開始挑

**Q** 如果沒有特定的權證，有什麼選項可以幫助選擇呢？

**A** 假設投資人毫無頭緒時，可以先看到「選標的」的部分，有「代碼查詢」和「智慧選股」兩個選項，用來海選心儀的類股。投資人可以先點選「智慧選股」，然後就會看到左邊的區塊，有「產業選股」、「概念選股」、「常用條件」……等八個選項，假設從「產業選股」來看，可以看到有「水泥」、「食品」、「塑膠」、「紡織」、「電機」、「電器」……等 28 個選項。

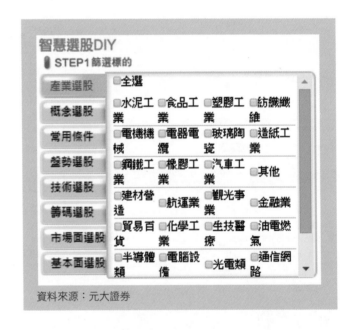

資料來源：元大證券

投資人也可以使用「常用條件」來篩選，它是以過去 X 日的「收盤價」為基準條件來選擇權證。投資人可以搜尋到相關的資訊，因為這些多是固定的條件，相當適合新手用來搜尋理想的標的。

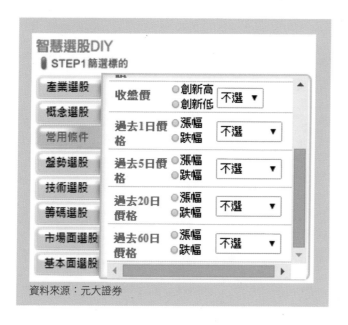

資料來源：元大證券

## 快閃一族，可選擇短天期權證

**Ⓠ 如果是稍有經驗的投資人，想搜尋特殊條件的權證，又可以從哪裡獲得資訊呢？**

Ⓐ 如果要進階、彈性一點，還有群益證券的「權民最大網」可以參考，它的選項也相當豐富。有的積極型投資人會故意選擇快要到期的權證，這種短時間就一翻兩瞪眼（不是贏多、就是輸多）的權證，可是相當刺激的！這樣的投資人就可以透過權民最大網來篩選權證，因為它的搜尋功能裡有許多參數可以改變，配合投資人不同的需求。如果是每天都在盯盤的投資人，可以選擇到期日在 30 天以內，如果加上在價平附近，那麼權證的波動度會很大，自然心情的起伏也會很大，投資人不應該「亂入」，而是「慎入」才好。

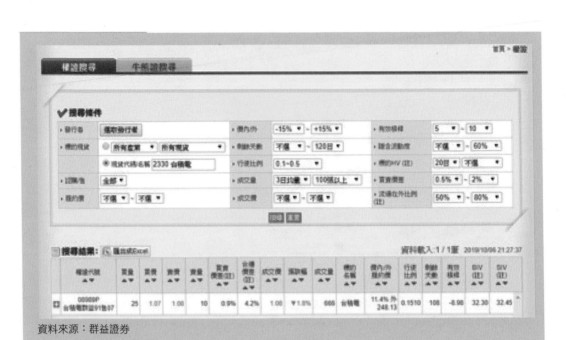

資料來源：群益證券

| 權證代號 | 買量 | 買價 | 賣價 | 賣量 | 買賣價差(註) | 合理價差(註) | 成交價 | 漲跌幅 | 成交量 | 標的名稱 | 價內/外履約價 | 行使比例 | 剩餘天數 | 有效槓桿 | BIV(註) | SIV(註) |
|---|---|---|---|---|---|---|---|---|---|---|---|---|---|---|---|---|
| 08909P 台積電群益91售07 | 25 | 1.07 | 1.08 | 10 | 0.9% | 4.2% | 1.08 | ▼1.8% | 666 | 台積電 | 15.4% 外 248.13 | 0.1510 | 108 | -0.98 | 32.30 | 32.45 |
| 03870P 台積電群益93售06 | 25 | 1.50 | 1.51 | 10 | 0.7% | 3.5% | 1.51 | ▼2.6% | 3853 | 台積電 | 10.1% 外 251.10 | 0.1510 | 157 | -7.45 | 31.13 | 31.25 |
| 043121 台積電永豐91購01 | 30 | 1.32 | 1.35 | 20 | 2.3% | 3.7% | 1.33 | ▲0.8% | 3507 | 台積電 | 1.0% 內 273.77 | 0.0650 | 91 | 7.64 | 33.91 | 34.76 |

資料來源：群益證券

**Q 如果想找其他各家券商的權證，也可以搜尋嗎？**

A 當然可以。投資人可以從「發行者」這個選項裡選擇你想關注的券商，包括：大展、中國信託、元大寶來、元富、日盛、永豐金、玉山、兆豐、亞東、國泰、國票、康和、第一金、統一、凱基、富邦、華南永昌、群益金鼎等18家券商，這些券商發行的權證，在這裡都看得到。

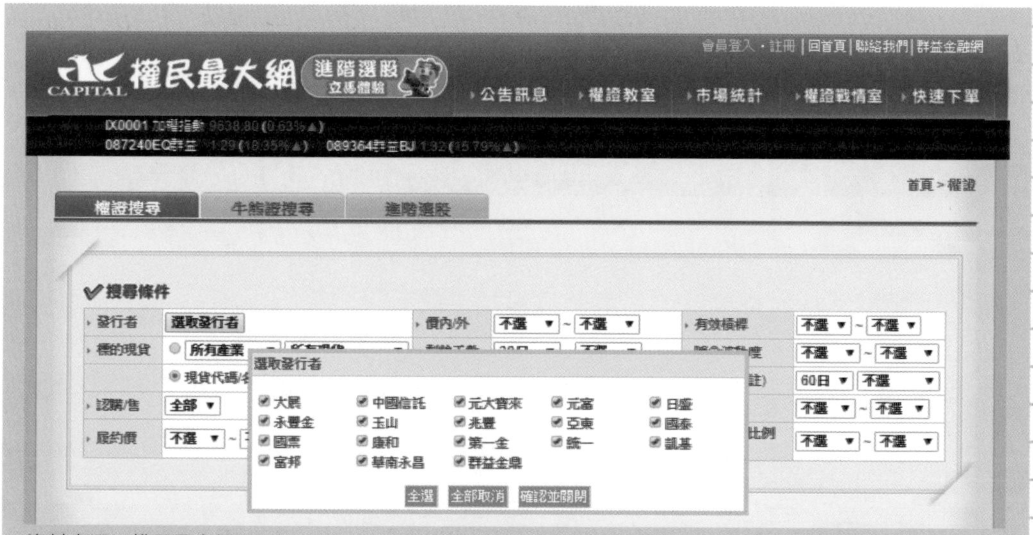

資料來源：權民最大網

透過這樣多功能的選擇，就會比單一券商所提供的權證種類還要多很多。

## 跟著市場走，鎖定買氣與人氣

**Q 如果投資人想用籌碼面或是技術面來尋找適合的權證，有什麼方法嗎？**

A 由於權證與股票相互連動，因此，標的個股的量價關係會影響個股的走勢，對於權證未來走勢的判斷，也是一個值得參考的指標。投資人可以利用「權民最大網」的「進階選股」來尋找符合條件的標的。

如果要配合臺股盤中個股動態，可以用「即時搜尋」這部分；如果是要盤後做功課，就可以採用「盤後搜尋」。在使用這些功能時要注意的是，當投資人勾選愈多的選項，代表該標的股票需要同時符合的條件也愈多，自然也愈嚴苛。所以，勾選過多的條件，反而不一定可以找得到適合的標的個股。

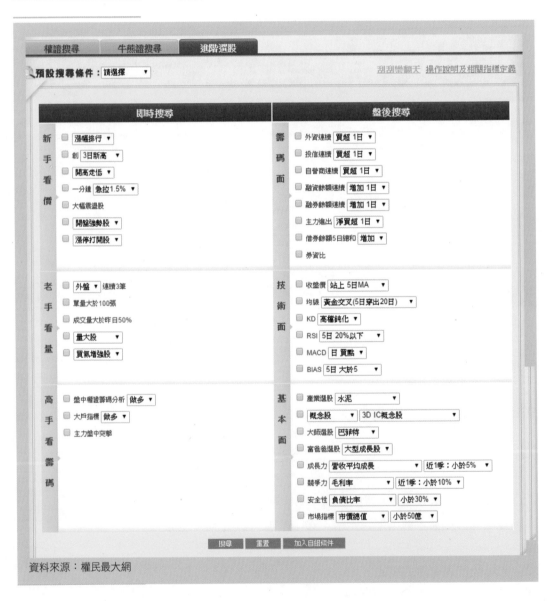

資料來源：權民最大網

　　舉例來說，如果投資人在「籌碼面」同時勾選「外資」、「投信」、「自營商」都連續「淨買超一日」，但是其他條件不選擇的情況下，會出現兩筆結果。

| 排行 | 標的 | 成交價 | 漲跌幅 | 單量 | 現股總量 | 盤中權證審碼分析(千元) | 三大法人合計買賣超(張) | 當日借券餘額(張) | 券資比 |
|---|---|---|---|---|---|---|---|---|---|
| 1 | 6166 凌華 | 116.50 | ▲9.91% | 10 | 4,617 | -1,166.12 | 592 | 928 | 11.08% |
| 2 | 5264 F-鎧勝 | 200.50 | ▲1.26% | 310 | 3,050 | -1,102.60 | 764 | 9,573 | 9.91% |

資料來源：權民最大網

　　但如果變成在「籌碼面」只勾選「外資連續」「淨買超一日」，但是其他條件不選擇的情況下，卻會出現30筆結果。

| 排行 | 標的 | 成交價 | 漲跌幅 | 單量 | 現股總量 | 盤中權證審碼分析(千元) | 三大法人合計買賣超(張) | 當日借券餘額(張) | 券資比 |
|---|---|---|---|---|---|---|---|---|---|
| 1 | 6166 凌華 | 116.50 | ▲9.91% | 10 | 4,617 | -1,166.12 | 592 | 928 | 11.08% |
| 2 | 3450 聯鈞 | 186.50 | ▲9.38% | 265 | 4,106 | 123.57 | 831 | 6,374 | 26.04% |
| 3 | 6214 精誠 | 78.50 | ▲8.58% | 719 | 17,623 | -938.04 | 1,122 | 5,177 | 5.47% |
| 4 | 3376 新日興 | 106.00 | ▲6.21% | 103 | 4,081 | -1,395.20 | 1,192 | 3,490 | 8.09% |
| 5 | 3234 光環 | 78.00 | ▲5.12% | 362 | 13,067 | 3,442.17 | 408 | 273 | 21.64% |
| 6 | 6285 啟碁 | 89.60 | ▲5.04% | 283 | 9,230 | -2,492.55 | 4,257 | 9,978 | 11.23% |
| 7 | 8016 矽創 | 102.50 | ▲5.02% | 62 | 2,090 | -661.79 | 285 | 6,115 | 7.94% |
| 8 | 4966 F-譜瑞 | 349.00 | ▲4.96% | 107 | 2,133 | -528.95 | 545 | 1,852 | 2.50% |
| 9 | 5274 信驊 | 330.00 | ▲4.76% | 14 | 140 | -161.17 | 81 | 0 | 0.00% |
| 10 | 4528 江興鍛 | 79.80 | ▲4.72% | 105 | 3,961 | 453.78 | 479 | 22 | 9.82% |
| 11 | 6176 瑞儀 | 112.00 | ▲4.67% | 259 | 5,014 | -377.32 | 857 | 25,201 | 13.69% |
| 12 | 5388 中磊 | 63.90 | ▲4.41% | 103 | 2,473 | 324.83 | -167 | 3,957 | 6.01% |
| 13 | 8942 森鉅 | 97.60 | ▲4.39% | 64 | 1,840 | 1,443.06 | 479 | 1,665 | 0.70% |
| 14 | 1707 葡萄王 | 187.50 | ▲4.17% | 41 | 1,283 | 1,359.66 | 227 | 2,814 | 11.08% |
| 15 | 1536 和大 | 85.30 | ▲4.02% | 158 | 3,821 | -965.66 | 1,086 | 4,708 | 19.37% |
| 16 | 0061 寶滬深 | 24.60 | ▲4.02% | 1,622 | 29,770 | -20,708.34 | 6,328 | 0 | 34.88% |
| 17 | 4549 桓達 | 119.00 | ▲3.93% | 20 | 89 | -42.10 | 5 | 0 | 0.00% |
| 18 | 3665 F-貿聯 | 151.50 | ▲3.77% | 86 | 2,480 | 3,645.57 | 336 | 2,586 | 3.43% |
| 19 | 9945 潤泰新 | 49.65 | ▲3.76% | 162 | 3,732 | -148.68 | 76 | 14,065 | 0.28% |
| 20 | 6187 萬潤 | 58.00 | ▲3.57% | 57 | 1,980 | -1,721.24 | 24 | 42 | 10.40% |
| 21 | 3673 F-TPK | 191.00 | ▲3.52% | 410 | 7,135 | 24,097.52 | 592 | 23,719 | 20.38% |
| 22 | 3005 神基 | 22.50 | ▲3.45% | 462 | 12,965 | -1,802.69 | 3,132 | 4,985 | 6.37% |
| 23 | 2615 萬海 | 29.00 | ▲3.39% | 365 | 4,173 | 1,217.04 | 882 | 11,937 | 20.29% |
| 24 | 8383 千附 | 40.50 | ▲3.05% | 80 | 3,284 | -1,022.08 | -66 | 427 | 4.13% |
| 25 | 2354 鴻準 | 107.50 | ▲2.87% | 333 | 13,881 | 4,117.65 | 681 | 39,440 | 5.22% |

資料來源：權民最大網

同上，投資人只勾選「投信連續」、「淨買超一日」也會出現 30 筆結果，但顯示的排行順序不一定一致。

| 排行 | 標的 | 成交價 ▲▼ | 漲跌幅 ▲▼ | 單量 ▲▼ | 現股總量 ▲▼ | 盤中權證籌碼分析(千元) ▲▼ | 三大法人合計買賣超(張) | 當日借券餘額(張) ▲▼ | 券資比 ▲▼ |
|---|---|---|---|---|---|---|---|---|---|
| 1 | 🔍 6166 凌華 | | | | | -1,166.12 | 592 | 928 | 11.08% |
| 2 | 🔍 6214 精誠 | | | | | -938.04 | 1,122 | 5,177 | 5.47% |
| 3 | 🔍 6414 樺漢 | | | | | -1,968.51 | 79 | 10 | 0.00% |
| 4 | 🔍 3376 新日興 | | | | | -1,395.20 | 1,192 | 3,490 | 8.09% |
| 5 | 🔍 2492 華新科 | | | | | -1,547.05 | 336 | 5,228 | 2.49% |
| 6 | 🔍 4401 東隆興 | | | | | 1,991.00 | 407 | 771 | 16.11% |
| 7 | 🔍 3234 光環 | | | | | 3,442.17 | 408 | 273 | 21.64% |
| 8 | 🔍 6285 啟碁 | | | | | -2,492.55 | 4,257 | 9,978 | 11.23% |
| 9 | 🔍 4966 F-譜瑞 | | | | | -528.95 | 545 | 1,852 | 2.50% |
| 10 | 🔍 5274 信驊 | | | | | -161.17 | 81 | 0 | 0.00% |

搜尋結果：匯出成Excel (搜尋時間: 00:00:42)　　◎隱藏搜尋條件

顯示較少結果 ⌄

資料來源：權民最大網

再換一個選擇的方式，投資人在「技術面」勾選「收盤價」、「站上五日 MA」，勾選「基本面」的「概念股」選擇「APPLE 概念股」，會得到台達電（2308）這樣的答案。所以，當自己愈清楚想要的投資條件，愈能找到符合需求的標的物。

| 排行 | 標的 | 成交價 ▲▼ | 漲跌幅 ▲▼ | 單量 ▲▼ | 現股總量 ▲▼ | 盤中權證籌碼分析(千元) ▲▼ | 三大法人合計買賣超(張) ▲▼ | 當日借券餘額(張) ▲▼ | 券資比 ▲▼ |
|---|---|---|---|---|---|---|---|---|---|
| 1 | 🔍 2308 台達電 | 172.00 | ▲2.99% | 247 | 4,303 | 6,934.45 | -383 | 16,536 | 4.38% |

搜尋結果：匯出成Excel (搜尋時間: 22:23:10)　　◎隱藏搜尋條件

資料來源：權民最大網

**重點** ▷ 上述所顯現的畫面，是在某個日期下舉的例子，讀者即使使用相同的條件，但在不同的日子下，所顯現出的結果也不盡然會相同；這是要特別跟讀者朋友們說明的。

## 鄉民討論區，各券商與權證好壞一覽無遺

**Q 如果投資人想要同時比較各家權證，哪裡可以一次看到各家權證的資料？**

**A** 投資人可以透過「權民最大網」的「達人寶典」去蒐集資料。「達人寶典」會在每日的盤後，免費整理出全臺的權證資料，並且用 Excel 格式呈現，讓投資人可以自由下載。最重要的是各權證的「隱波率」，在這裡可以一目了然，比較起來，相當方便！另外，凱基證券也有針對尋找隱波率的功能，它的這個功能也很友善，比較適合新手。

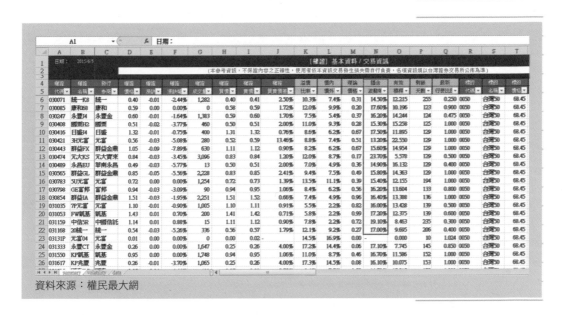

資料來源：權民最大網

**Q 投資一定會遇到一些瓶頸和問題，除了券商的客服之外，有沒有什麼地方可以提供新手諮詢？**

**A** 其實很多券商都會有官網讓民眾提問並提供解答；不過，在權民最大網中，有個類似聊天室功能的「權民鬥陣討論區」，它會依照主題區分成四大區塊，包括交易分享、公告、諮詢以及討論區等，是一般「權民」可以相互交換心得的好所在。

資料來源：權民最大網

　　在「抒發情感權證討論區」裡，顧名思義就是權民討論區，讓大家可以暢所欲言。如果有哪個券商被權民認為素行不良，他們也會在這裡抱怨炮轟。雖然官方不會刪留言，不過有時候權民留言的文字太過激烈，管理員也會出來解釋或勸說。如果投資朋友們有機會進入這個討論區，也許可以挖到寶喔！

資料來源：權民最大網

心動也要
行動！

今天是 ＿＿＿ 年＿＿月＿＿日

我想買的權證是 ＿＿＿＿＿＿＿＿＿＿ ，代號是 ＿＿＿＿＿＿

想買的原因是：

今天是 ＿＿＿ 年＿＿月＿＿日

我想買的權證是 ＿＿＿＿＿＿＿＿＿＿ ，代號是 ＿＿＿＿＿＿

想買的原因是：

# 權證的停損與停利

雖然權證的投資門檻比股票低很多，不過它的漲跌幅度卻不只是十趴，而是數十趴，特別是在現股波動程度很大的時候，一天的高低價差達到數倍都不足為奇！因此，投資權證一定要做好資金控管，尤其是新手，最好要嚴格設定好停損和停利點——雖然權證最多就是虧掉權利金，已經幫你設定好「停損點」——就是吃「歸零膏」；但是一旦吃到「歸零膏」，那可是極其慘烈的事——因此，投資權證，更是應該設定停損點，才不至於在「權海」中滅頂。

· 風險控管，停利停損設在 10%～ 20%
· 權證無法長抱，須用「限價單」買賣
· 被券商大買的權證，小心是地雷

先學會控制損失，才有條件談獲利

## 權證獲利靠價差，長抱只會損失時間價值

**Q 對於第一次投資權證的投資人，有什麼要特別關注的地方？**

**A** 由於權證有「認購權證」、「認售權證」之分，再加上又有「到期日」的限制，是屬於一種短天期操作的金融商品。所以，投資新手的首要任務，就是先搞清楚自己買的「商品」特色是什麼？而不是人云亦云，一窩蜂跟著胡亂投資。試想，一個不「愛惜」自己財富的人，財神爺怎麼會來眷顧你呢？

特別要再提醒投資人的是，權證不像股票，它的價值會隨著時間而流逝，因此，不能長抱，也不要想等履約。有辦法在權證市場存活並且獲利的高手，多數都是靠賺取價差淘金的，所以「見好就收，見不好就撤」是很重要的觀念！

**Q 投資人要如何建立自己的損益機制呢？**

A 一般來說，有投資股票和基金的人，都曾經使用這種操作策略——就是在標的物價格下跌時又再進場買進，以達到攤平的效果；但是這種操作模式，對於權證來說是相當不可行的！

權證並不是說絕對沒有攤平的機會，但因為它有存續期間的限制（就是到期日的限制），往往你等不到連結的股票反彈，權證就到期了，那麼「攤平」的結果，不僅會讓你愈「攤」愈「貧」，還會讓你很快就「躺平」出場；因此，看錯方向一定要停損。保守型的投資人停損點可以設在 15％，積極型的投資人可以設在 30％。至於停利，可以順勢（順著連結股票的漲勢）操作，也可以設定五成左右的範圍，端看投資人的操作習性來設定，並沒有絕對的範圍。

此外，對於新手來說，權證的投資資金，建議不要超過投資總額的兩成。等到熟悉之後，再提高投資比重，才不會被傷到「動搖國本」。

**Q 如果我不知道權證委買或委賣的價格，可以像股票一樣用市價買進或賣出嗎？**

A 千萬不要。有些買賣過股票的投資人，習慣用「市價」買進或是賣出，去搶成交。但是在交易權證時，一定要用「限價」買進或賣出，才比較有保障，而不至於買賣到會讓你搥心肝的價格。所以，投資權證一定要記得，一定要限價下單，而不是市價下單。

**停損**

Stop loss。投資失利的時候，投資人在虧損到某個程度就得認賠殺出。

**停利**

Stop gain。投資有獲利的時候，為了避免股價從高檔反轉向下，結果紙上富貴一場，所以要作獲利了結的動作，賣出手上的多頭部位。

**市價單**

「市價買單」即為用漲停價買進；「市價賣單」即為跌停價賣出。

**限價單**

「限價買單」表示限定買進的上限價格；「限價賣單」表示限定賣出價格的下限。

其實現在掛單選項當中，並沒有市價單，而是以漲停或跌停價買進或賣出，但是市場上仍習慣以「市價」來表示要馬上買到或賣出的價位。

　　一般股票市場下單買賣交易，有所謂「限價單」、「目前成交價」、與「漲／跌停價」（即俗稱的「市價單」）三種，其中限價買進，表示限定買進的上限價格；而限價賣單表示限定賣出價格的下限。以限價方式買賣，可以讓投資人掌握買進或賣出的價格上下限，避免萬一突然出現急漲或急跌，採用「市價單」交易，很有可能發生買在最高點、賣在最低點的悲劇。

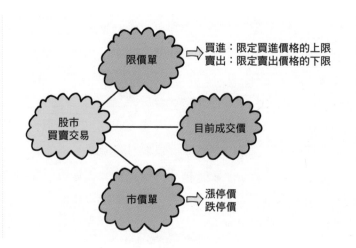

 就算標的股票的價格急漲或是急跌，也不要用市價單來買賣，以避免在急著成交的情況下，偏離合理的價位。

　　假設某權證目前成交價 1.2 元，如果投資人以 1.2 元限價下單買進，則表示最高只會買到 1.2 元；以 1.2 元限價下單賣出，則表示不到 1.2 元不會成交。由於權證的漲跌幅很可能遠大於 10％，因此，以限價方式下單，可避免因為短線波動過大，買到最高點，卻出在最低點的悲劇。

| | 以限價方式下單時，權證撮合成交的優先順序 |
|---|---|
| 1 | 買進申報較高者優先於較低者，賣出申報較低者優先於較高者。 |
| 2 | 開市前，同價位申報者，依電腦隨機排列方式決定優先順序。開市後，同價位申報者，先輸入報價者為優先。 |

## 大戶的大單別亂跟，恐成「隔日沖」受災戶

**Q 跟著大戶下單，一定沒錯嗎？**

A 一般來說，投資人投資股票，如果青睞大型股的話，就要關注外資走向；選擇投資中型股的話，包括外資和投信都要注意；如果是小型股，就要鎖定投信動態。

但因為權證不能當沖，不像股票還有現股 當沖 的交易模式（請參看《3 天搞懂股票買賣》一書）。所以，某些股票的交易模式，不能沿用到權證來。例如某個股剛開盤時，個股開低，沒多久有利多消息出籠，股價開始走高。這時候會吸引部分當沖客買進，使得個股繼續上漲，相關連的權證也會跟著上漲，那麼，如果你已經擁有這檔權證的話，就可以趁機賣掉獲利了結。因為很有可能在尾盤的時候，現股當沖客要獲利了結，就會把早盤買進的股票出脫，致使股票價格在愈接近尾盤時，反倒成為下跌走勢；當然，權證價格也會跟著走跌，甚至於還跌得更凶！瞭解此一現象之後，買賣權證就得要「順勢而為」──通常每天早盤時，反倒是賣出權證的最好時間；而在中午之前都是適合先觀察股票來選擇權證的時段；12 點 30 分之後，則因為股價有可能被當沖客打下來，反倒是進場買權證的好時機。

因此，權證投資人得要注意，在政策開放現股當沖之後，通常當日早盤的強勢股被當沖客介入的機率高，所以尾盤賣壓會變大；因此，強勢股經常會出現尾盤股價又掉下來

觀念speaker

**當沖**

當沖是當日沖銷的意思，顧名思義，就是在同一天買進和賣出同一檔金融商品的投機式交易。任何從事這種交易的個人，都稱為當沖客（day trader）。

的情況，相對連結到這檔股票的權證也會受到影響。

　　舉例來說，假設某檔權證被大量買進、價格大漲，券商為了避險，只好買進現股；但因為這不是「正常」的需求（而是因為避險交易），有的「無良」券商可能會大幅降低該檔權證的委買價格，甚至掛單量減少，連 20 張都不到，以縮小損失。所以，習慣短進短出，甚至企圖今日買進、隔日沖銷的權證投資人，就要避開被券商大買的權證。

　　如果要跟著「大戶」走，就要從頭跟到尾，否則來不及出場，就會面臨被「秒殺」的窘境！

 暴險機會大、避險不易時，發行券商會降低權證的賣出，以規避風險。例如深價內的權證 Delta 值大，券商每賣出一張深價內的權證，就必須買入較高股數的現貨來避險，導致成本提高。此外，深價內權證代表現股的價格漲幅大，未來的波動風險增加，券商就會減少權證的流通張數。

**Q 為了避免血本無歸，所以就挑便宜的權證，這樣好嗎？**

**A** 就個股來說，「有量有價」代表這檔股票是被關注的焦點，相對地，所連結的權證也會被關注！但「無量無價」的個股，代表沒人青睞，所連結的權證也會很冷門。而因為權證有時間上的限制，會隨著時間流逝而喪失價值，當權證沒有履約價值時，就不會有人接手。因此，就算權證太便宜，也不代表後市會有人有興趣買進！

　　因此，買賣權證，須留心權證的履約價高低，可以選擇價外 15% 左右的權證，因為深度價外的權證，即便權證價格「狠」便宜，但因為沒有進入價內的可能性，就很容易讓你吃到「歸零膏」。

**重點** 價格太便宜的權證，雖然看起來很吸引人，但是它和現股的連動性低，可能在現股漲停時，也很難有所表現，甚至隨著到期日的逼近而不漲反跌！

此外，新手入門交易，一定要選擇好的券商發行的權證，仔細觀察權證的委買價和委賣價，是不是規律的報價？價差比會不會很高？即使新手一開始還不懂什麼是理論價格，但只要記得用「限價單」買賣，就可以降低投資風險了！

**Q 如果券商的買賣價差比過大，或者現貨漲，竟然不掛買單等情況發生時，該怎麼辦？**

**A** 金管會規定，券商有造市的義務，因此萬一遇到黑心券商，投資人是可以申訴的。

舉例來說：小王當初買權證時，委買價 3.02， 委賣價 3.12，買賣價差只有 0.1，小王買進的價位是 3.12。隔天雖然現股上漲，但是卻看到委買價變成 3.05，委賣價變成 4.50，買賣價差距拉大到 1.45 ！如果小王這時候硬要賣出的話，就只能以 3.05 出脫，顯然不合常理！看到這樣的情況，小王是可以打電話向券商反映的。

遇到這樣的情況，投資人記得要先蒐證，然後打電話向券商反映價格問題，如果無良券商沒有造市的意願，置之不理，就可以向金管會提出申訴！

**Info 投訴管道**

1. 各家發行券商的服務電話
2. 向金管會投訴：金融監督管理委員會民意信箱 http://fscmail.fsc.gov.tw/swsfront35/SWSF/SWSF01014.aspx

券商的權證造市的委買委賣價，發生偏離合理價格的，或是券商有不公不義的情形時，也可以投訴。

有的黑心券商會在大量釋出權證後，調降委買隱波率，導致投資人只能高買低賣。所以要慎選好的券商，才不會遇到標的股票價格上漲，但權證價格卻不動如山的情況。這時候投資人就算急得跳腳也來不及了！

沒有買賣權證經驗的人看過來～

# 權證資訊哪裡有？

投資人有哪些實用、客觀的資訊可以參考？從主管機關、券商的相關網站，讓第一手的資訊一覽無遺。

很多權證新手，最痛苦的就是不知道該如何搜尋權證最新的資訊？這裡列整了最實用和最完整的網站，提供給投資人參考。

① 「臺灣證券交易所」（http://www.twse.com.tw/ch/stock_search/warrant_search.php）

首先，資訊最齊全的網站，首推「臺灣證券交易所」。進入「臺灣證券交易所」網頁之後，點選左邊的欄位「權證搜尋器」，就會跳出搜尋網頁。投資人可以從「市場選項」、「權證類別」、「權證種類」、「存續期間」以及「發行人」裡，輸入自己的條件，就可以尋找或是觀察有興趣的權證了！

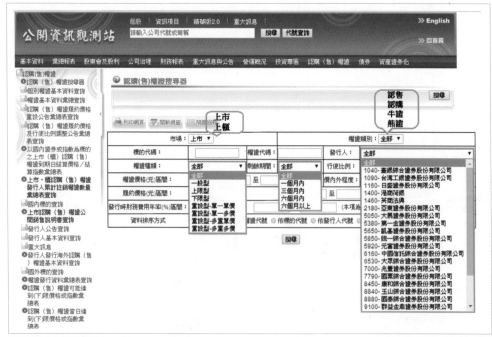

資料來源：臺灣證券交易所

② 「權證資訊揭露平台」（http://warrants.sfi.org.tw/Query.aspx?stock=13）

　　這是由臺灣證券交易所另外創設的網站，投資人可以從臺灣證券交易所官網首頁左方的欄位，點選「權證資訊揭露平台」，或是直接上網打入關鍵字「權證資訊揭露平台」搜尋即可，這個網站的設計比較親民，頁面上沒有過多複雜的欄位，比較適合新手入門。

　　從「權證資訊揭露平台」網頁的右上方，有六個重要選項，其中「權證資訊總表」裡，一樣列有「證券代碼」、「發行人」、「距到期日」、「價內外程度」、「認購或認售」、「一段時間」等六大選項可供投資人查詢。

資料來源：權證資訊揭露平台

　　投資人選好有興趣的權證之後，可以再從「權證計算器」裡，輸入條件，例如：「認購或認售」、「現貨價格」、「履約價格」、「距到期日」等，這個網站可以幫投資人算出「權證價格」和「隱含波動率」等數據。很貼心的是，這部分的網頁在每個欄位還有解釋，讓新手明白這個數據的內容；缺點是，有時候因為流量過大而容易當機；性子急的投資人可能就要忍耐一下，或是選擇其他網站了。

## 權證數據試算

### 權證計算器

| | | |
|---|---|---|
| 認購 認售： | 認購權證 ▼ | |
| 現貨價格： | 5.81 | 輸入標的物目前價位。 |
| 履約價格： | 3.66 | 輸入欲計算之權證契約之履約價格。 |
| 距到期日： | 228 (天) | 輸入權證契約距離到期天數。 |
| 波動率： | 38.8 % | 輸入年波動率，一般可使用歷史波動率。 |
| 無風險利率： | 1.355 % | 輸入無風險利率，一般可用銀行定存利率或商業本票之利率。 |
| 行使比例： | 1 | 輸入權證之行使比例。 |

**計算權證價格**

| | | |
|---|---|---|
| 權證價格： | [　　] 計算 | 輸入欄位之數字後，按下「計算權證價格」按鍵，即可顯示認購或認售之權證理論價格。 |

**計算隱含波動率**

| | | |
|---|---|---|
| 隱含波動率： | [　　]% 計算 | 欲計算隱含波動率，則按下「計算隱含波動率」按鍵，即可依據前面輸入的現貨價格、履約價格、距到期周天數、無風險利率、行使比例等參數來估算其隱含波動率。 |

資料來源：權證資訊揭露平台

③「**雅虎奇摩網站**」（https://tw.stock.yahoo.com/s/tse.php）

　　進入雅虎奇摩網頁，點選「股市」之後，再輸入「股票代號或名稱」，例如輸入「鴻海／2317」，就會出現鴻海當日的交易情況，此時，點選左邊「2317鴻海」的這個欄位，右方就會跳出一些連結鴻海的相關權證。

| 首頁 | 投資組合 | 當日行情 | 大盤 | 類股 | 期權 | 港滬深股 | 美股 | 新聞 | Y選股 |

股票代號/名稱 2317 　——當日個股股價—— ▼ 查詢　2015/07/21 06:57 距離台股開盤還有2小時3分鐘 更新

凱基客戶專區：委託成交　庫存報價　　　　　　　　　　　　　　資料日期：104.07.20

| 股票代號 | 時間 | 成交 | 買進 | 賣出 | 漲跌 | 張數 | 昨收 | 開盤 | 最高 | 最低 | 個股資料 |
|---|---|---|---|---|---|---|---|---|---|---|---|
| 2317鴻海加到投資組合 | 14:30 | 95.1 | 95.1 | 95.2 | 0.00 | 15,646 | 95.1 | 95.9 | 96.1 | 94.9 | 成交明細 技術 新聞 基本 籌碼 個股健診 |

| 凱基證券下單 | ○買 ○賣 [　　] 張 送出 零股交易 |

資料來源：Yahoo! 奇摩股市

## 完整的數據資訊，方便投資人擬定策略

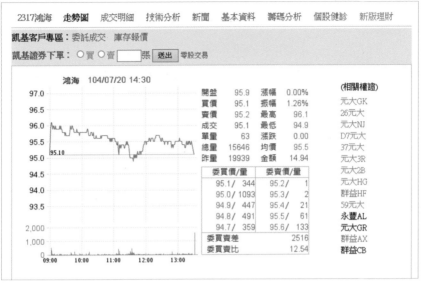

資料來源：權證資訊揭露平台

假設投資人點選「26元大」，就會出現以下頁面，可以看到26元大的交易情況，包括：買價、賣價、委買價、委賣價等。這裡要提醒的是，這邊顯現出來的14檔權證，可能只是某一個時間點交易量較大的權證而已，並不是推薦的權證。讀者一樣要按照本書提供的篩選原則去挑選權證會比較好。

④鉅亨網（http://www.cnyes.com/warrant/tw/）

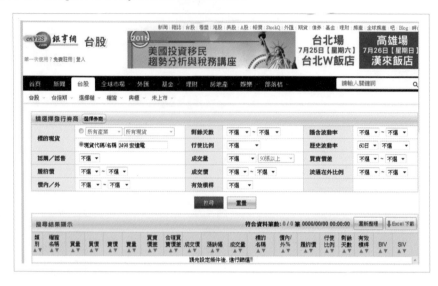

⑤元大權證網（https://www.warrantwin.com.tw/）

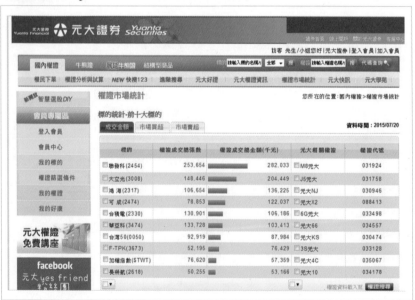

⑥群益權民最大網（http://warrant.capital.com.tw/）

⑦「統一權證網」（http://warrantinfo.pscnet.com.tw/kwant/wSearch.aspx？）

　　當然，市場上還有許多券商的官網，也是投資人可以選擇的網站，只要瞭解權證的條件、熟悉操作方式，相信每個網站都會是投資人最貼心的好幫手！

第3天

# 進出場的策略

選權證之前，要先選定標的物，但市場上那麼多支個股，又該怎麼挑？
接下來，梁老師要教你怎麼看個股的基本面、技術面和籌碼面，讓你一
次面面俱到，找對進出場的時機點！

第  小時　檢視個股的基本面

第  小時　檢視個股的技術面

第  小時　檢視個股的籌碼面

第  小時　進出場的時機點

# 檢視個股的基本面

由於權證連結的標的物，大部分是以個股為主，即使以連結標的為指數，但指數和個股依舊有關連；因此在選擇權證之前，應該事先瞭解個股未來的走勢，再去選擇連結該檔個股的權證，這樣才可以更有機會以小搏大！換句話說，「先選個股、後選權證」才是投資權證的正確方式。至於，該如何檢視個股的基本面？一般來說，可以從財務報表著手；而浩瀚的財務報表中，有幾個數字需要特別關注的，像是每股盈餘（EPS）、本益比（P/E）、股東權益報酬率（ROE）和股價淨值比（P/B）等，都是非常重要的指標！

單元重點

· 獲利能力首重 EPS，盈虧要看「綜合損益表」
· 強勢股要件一，本益比（P/E）< 15
· 強勢股要件二，股東權益報酬率（ROE）> 15%
· 強勢股要件三，股價淨值比（P/B）< 2

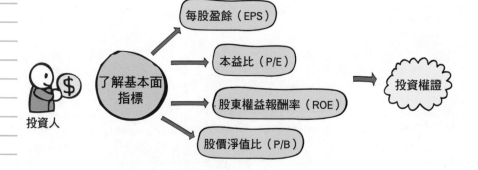

投資人　了解基本面指標　→　每股盈餘（EPS）　本益比（P/E）　股東權益報酬率（ROE）　股價淨值比（P/B）　→　投資權證

## 從「綜合損益表」看個股獲利能力，首重 EPS

**Q** 有時候公司宣布「營收創新高」，是不是就代表可以投資這家公司了？

**A** 這不一定是好的。舉一個經典案例來看，在 2011 年的聖誕假期，亞馬遜（Amazon）公司的電子閱讀器 Kindle Fire 賣得很好，產品推出才數週的時間，就成為平板市占率的第

二名；但是根據 IHS iSupply 的研究，亞馬遜其實是虧本在賣這個電子閱讀器的，因為每賣出一台 Kindle Fire，就會損失二美元。所以，雖然在這項產品上面是「營收創新高」，但其實 Kindle Fire 賣得愈多，亞馬遜反倒是賠得愈多。因此，如果你只是看到「營收創新高」，有時候不但沒有實質獲利，反倒是虧錢的；所以不能只是看「營收」數字，就據以判斷該公司值不值得投資。

**Q 一家公司為什麼要做虧本的生意？**

A 亞馬遜當然也不是傻子，不會做虧本生意。那麼亞馬遜要賺什麼呢？根據 RBC Capital 的民意調查，亞馬遜之後靠著媒體內容的銷售（如果光只是買到便宜的電子閱讀器，卻沒有內容可以閱讀，那跟廢品是沒兩樣的），可以從每個 Kindle Fire 消費者的身上賺到 136 美元！因此，亞馬遜雖然在硬體上賠錢賣，但是透過軟體內容的銷售，亞馬遜就未必會虧錢了。當然，這一失一得之間，還是得精確地計算，才能知道這種方式最後的損益是如何。

這種做法，就好像一些量販店，用很便宜——應該是低於成本價（例如一串十包，卻只賣 50 元）——的價格促銷衛生紙，結果當然吸引大批的顧客；可是顧客大老遠跑來，通常不會只買一串衛生紙吧？顧客可能想說：「反正都來了，就一次買齊家裡需要的用品吧！」結果把購物車都買滿了。利用賺很少（甚至虧本）的某單樣商品，去吸引客戶購買其他或許利潤較高的商品以提升獲利的做法，常見於各大百貨公司或賣場的周年慶活動；而亞馬遜就是利用這個概念在做生意的！

還有一個本土的例子。宏碁之前的 CEO 是來自義大利的蘭奇，那時候他接手宏碁的任務，就是要擴大全球的市占率；因此他採用薄利多銷的概念，攻下了第二名，把戴爾（DELL）打下來，僅次於惠普（HP）。但是，宏碁在仔

細做過成本效益分析之後，才發現很多單品是虧錢在賣的，如果沒有其他商品讓公司獲得利潤，公司根本難以營運。於是，宏碁在2011年年初的股價還有三位數，當年度的三月底，公司開始調降財測；到了年中過後，也就是八、九月分的時候，股價只剩下20、30元，原因就是如此。

**Q 如果營收創新高都不代表這家公司是賺錢的，那麼投資人該怎麼檢視？**

A 所以，認真做功課的投資人，都應該學著看財務報表，很多公司的玄機都在裡頭，如果投資人要選擇好股票，進而找到相對應的權證操作的話，就應該試著瞭解財務報表。特別是最重要的幾個數字。

**Q 每次都會從報紙或電視新聞上，看到「本益比」、「營收成長率」、「EPS」等這些專有名詞，讓很多投資新手，一看到個股基本面就望之卻步！**

A 那是因為不熟悉的關係，其實瞭解個股基本面並不會很難。不論是外資或是一般法人，都是透過財務報表來瞭解上市公司的營收狀況，進而決定是否投資，以及投資多少金額。通常，想要挑選一家好的公司投資，第一步，當然就是先看這家公司到底有沒有賺錢？賺了多少錢？

**Q 我要從哪裡獲得這些資訊？還有，到底要看哪些重點？**

A 投資人可以從公開資訊觀測站裡看到所有上市公司的財務狀況，其它像是各上市公司的官方網站、券商網站或是各大入口網站，都有資料可以查詢。所以要找到這些資訊是很容易的，重點是該如何解讀而已。一般而言，要檢視一家公司的經營成果，常用的就是四大張財務報表：「綜合損益表」、「現金流量表」、「資產負債表」、「權益變動表」。

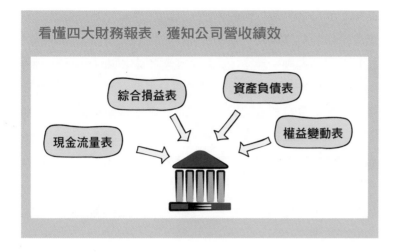

看懂四大財務報表，獲知公司營收績效

綜合損益表

資產負債表

現金流量表

權益變動表

**Q** 所以，如果二家公司的營收狀況都一樣，就代表這二家公司都一樣好囉？

**A** 不全然如此。假設二家公司在同一段時間都是賺 500 萬，但是一家公司的本金是 1 億元，另外一家公司的本金卻是 2 億元，相較之下，當然是前者比較會賺錢。所以，為了區分哪家公司的獲利能力比較好，就使用這種淨利潤與本金之間的比值，也就是所謂的每股盈餘（Earnings Per Share；EPS）。我們可以從「綜合損益表」看到這個數字。當 EPS 值愈高，代表公司獲利能力愈強，這也是投資人評估一家公司好壞的重要指標之一。

觀念速解

EPS

每股盈餘（EPS，Earnings Per Share）。EPS ＝盈餘／加權平均股數（或是流通在外發行股數，一般通常用加權平均。）

**Q** 所以，EPS 值比較高，就可以投資這家公司嗎？

**A** 這只是第一步。如果我們知道這家公司營收好，EPS 的利潤也不錯，那麼接下來我們就要看公司是因為本業賺錢？還是因為業外而賺錢？

**Q** 這有什麼差別？

**A** 當然有。投資人會買這家公司的股票，就是看好它本業是個會下金蛋的金雞母。舉例而言，在通貨膨脹的時候，資

產類股就是容易被炒作的目標，因為這時候土地就很值錢，擁有廠房的紡織類股，當初買廠房的時候，可能土地價格很便宜，但經過幾十年後，廠房的土地不斷增值。如果紡織公司因為土地增值利益驚人就選擇處分土地資產，一旦土地被賣掉了，那麼紡織公司就失去廠房、無法製作布料，試問這家紡織廠還要繼續營運嗎？這無異是殺雞取卵！所以，當你看到紡織公司某個年度的帳面數字好像很漂亮，其實是因為賣掉廠房賺來的，如果明年沒有廠房可以繼續賣，甚至連製作布料的地方都沒了，這樣的紡織公司根本面臨斷炊。那你還敢投資嗎？

也因此，看財務報表的時候，就得要去探究這家公司是因為本業獲利？還是業外獲利？這也可以從「綜合損益表」裡看出來。有時候，公司營收好，EPS 也創新高，但如果你有長期間追蹤產業及個股發展趨勢，卻發現明年的業績難以為繼，剛好可以趁有利多消息的時候，趕快出脫持股。之所以會看到個股爆出超大的成交量，之後股價卻是下跌，形成營收創新高，股價卻反向下跌的原因就是如此！而有關成交量的討論，我們會在第三天的第三個小時繼續探討。

## 綜合損益表範例

### 合併綜合損益表

本資料由台積電公司提供

「投資人若需了解更詳細資訊可至XBRL資訊平台或電子書查詢」

**本公司採 月制會計年度(空白表曆年制)**

註:各會計項目金額之百分比,係採四捨五入法計算

民國103年第2季

單位：新台幣仟元

| 會計項目 | 103年第2季 | | 102年第2季 | | 103年01月01日至103年06月30日 | | 102年01月01日至102年06月30日 | |
|---|---|---|---|---|---|---|---|---|
| | 金額 | % | 金額 | % | 金額 | % | 金額 | % |
| 基本每股盈絲 | | | | | | | | |
| 繼續營業單位淨利（淨損） | 2.30 | | 2.00 | | 4.15 | | 3.52 | |
| 基本每股盈絲 | 2.30 | | 2.00 | | 4.15 | | 3.52 | |
| 稀釋每股盈絲 | | | | | | | | |
| 繼續營業單位淨利（淨損） | 2.30 | | 2.00 | | 4.15 | | 3.52 | |
| 稀釋每股盈絲 | 2.30 | | 2.00 | | 4.15 | | 3.52 | |

資料來源：公開資訊觀測站

## 預防黑字倒閉，「資產負債表」看應收帳款

**Q** 我怎麼知道公司賺的錢是實的？還是虛的？

**A** 首先我們看到「資產負債表」，它會紀錄公司的資金來源以及去處，而其中的「應收帳款」更要特別留意。由於大部分的上市公司不管是業內或業外營收，大多數是用賒帳交易，而不是用現金交易——換句話說，營收的主要來源多半是掛帳的。當公司賣出商品、收到支票，可能要三個月、甚至半年後才能收到貨款，這期間，萬一遇上對方跳票倒帳，說不定根本就拿不到錢！因此，一家公司的財務報表上，即使銷貨收入金額很高，毛利率也很高，投資人看了就會誤以為「應該」會有很多的盈餘，就很大膽地買進該公司股票或權證——建議你先別高興得太早！因為，如果這家公司的應收帳款金額很高，就很容易會因為現金不足的關係而無法應付日常開銷，使得原本是賺錢的公司，因為周轉不靈而倒閉！這種帳上有賺錢，卻還是周轉不靈、度不過難關的情況，被稱為「黑字倒閉」。所以，投資人還是得注意應收帳款的數字。

**Q** 「應收帳款」的金額是高還是低，我該如何判斷？

**A** 大致上有兩種方式來辨別：一種是觀察同一家公司在不同時期應收帳款的變化情況；另一種則是以同個產業裡，標竿公司相對應的數據來做比較。有個比較簡易的方式，可以幫助投資人瞭解應收帳款有沒有過高，那就是「應收帳款週轉率」以及「應收帳款收現天數」。當應收帳款週轉率愈高、應收帳款收現天數愈短，就代表公司的現金流動性愈高，愈不容易發生周轉不靈的情況；相反地，當應收帳款週轉率愈來愈低，或是急遽下滑，以及應收帳款收現天數愈長，就是一種警訊了！

**觀念速解**

**應收帳款**

應收帳款是指企業在經營過程中，因為銷售商品或提供勞務等業務，而應該向購買對象收取的款項。

**觀念速解**

**應收帳款週轉率**

即反映一家公司應收帳款周轉速度的比率，可以說明公司在一定期間內，應收帳款轉為現金的平均次數。公司的應收帳款如果能夠及時收回，那麼它的資金使用效率便能大幅提升。

應收帳款週轉率 ＝ 當期銷售淨收入 ÷ 平均應收帳款餘額
應收帳款收現天數 ＝ 365 天 ÷ 應收帳款週轉率

## 資產負債表範例

### 合併資產負債表

本資料由台積電公司提供

「投資人若需了解更詳細資訊可至XBRL資訊平台或電子書查詢」

**本公司採 月制會計年度(空白表曆年制)**

註各會計項目金額之百分比,係採四捨五入法計算

| 民國103年第2季 | | | | | | |
|---|---|---|---|---|---|---|
| | | | | | 單位：新台幣仟元 | |
| 會計項目 | 103年06月30日 | | 102年12月31日 | | 102年06月30日 | |
| | 金額 | % | 金額 | % | 金額 | % |
| 流動資產 | | | | | | |
| 現金及約當現金 | 255,053,573 | 18.96 | 242,695,447 | 19.21 | 225,832,646 | 19.30 |
| 透過損益按公允價值衡量之金融資產－流動 | 158,265 | 0.01 | 90,353 | 0.01 | 20,010 | 0.00 |
| 備供出售金融資產－流動淨額 | 59,082,482 | 4.39 | 760,793 | 0.06 | 1,070,537 | 0.09 |
| 持有至到期日金融資產－流動淨額 | 299,230 | 0.02 | 1,795,949 | 0.14 | 700,576 | 0.06 |
| 應收帳款淨額 | 86,424,428 | 6.43 | 71,649,926 | 5.67 | 79,742,708 | 6.82 |
| 應收帳款－關係人淨額 | 462,732 | 0.03 | 291,708 | 0.02 | 597,623 | 0.05 |

資料來源：公開資訊觀測站

**Ⓠ 如果我們要瞭解這家公司的現金夠不夠支付經常性的開銷，維持正常運作，還有別種方式嗎？**

Ⓐ 這時候就要參酌「現金流量表」裡的資訊。現金流量表顯示一家公司在一段時間之內（例如每月、每季）現金增減的情況，甚至連銀行存款的數字都會記載下來；從這裡就可以得知一家公司有沒有足夠的現金，能夠應付經常性的開銷。而現金流量表裡的現金進流、出流有三大來源，一是**營業活動**、二是**投資活動**、三是**融（籌）資活動**。簡單來說，營業活動就是指與本業經營相關的交易事項；投資活動就是長短期的業外投資和交易固定資產；融資活動則是包括向銀行及股東籌資借款等部分。

　　如果是本業賺錢，當然是最好的，因為現金的來源很穩健。如果是因為業外的投資而獲利，例如交易股票而獲利，所以有現金流入，這時候，你得想，股票市場有這麼好，可以常常都賺錢嗎？如果有一家公司主要的現金流入是靠股票操作的話，那麼投資這家公司，成為它的股東好嗎？最後一種是融資，也就是現金是借來的！如果一家公司的現金來源，大部分都是來自於業外的投資或者是借來的，投資人要怎麼能夠相信這家公司還有前景可言呢？

　　以往投資人看企業經營成果，只著重在「資產負債表」及「綜合損益表」，容易忽略現金流動的情況，現在，投資人還要學會看「現金流量表」，以實際現金收付的角度來解讀「資產負債表」及「綜合損益表」的數字變化。舉例而言，公司把商品賣出去後，收到的現金叫做「現金銷貨」；收到支票，則叫做「應收帳款」，這樣相互搭配分析，藉此判斷公司的經營狀況、籌資情形，以及產生現金的能力，才不會被漂亮的帳面數字所誤導。那麼不管你是買股票還是買權證，都會比較心安。

## 現金流量表範例

### 合併現金流量表

本資料由台積電公司提供

「投資人如需了解更詳細資訊可至XBRL資訊平台與電子書查詢」

**本公司採 月制會計年度(空白表曆年制)**

民國103年第2季

單位：新台幣仟元

| 會計項目 | 103年01月01日至103年06月30日<br>金額 | 102年01月01日至102年06月30日<br>金額 |
| --- | --- | --- |
| 營業活動之淨現金流入（流出） | 176,609,804 | 148,808,328 |
| 投資活動之淨現金流入（流出） | -182,354,151 | -153,664,398 |
| 籌資活動之淨現金流入（流出） | 18,296,977 | 86,029,098 |
| 匯率變動對現金及約當現金之影響 | -194,504 | 1,249,030 |
| 本期現金及約當現金增加（減少）數 | 12,358,126 | 82,422,058 |
| 期初現金及約當現金餘額 | 242,695,447 | 143,410,588 |
| 期末現金及約當現金餘額 | 255,053,573 | 225,832,646 |
| 資產負債表帳列之現金及約當現金 | 255,053,573 | 225,832,646 |

資料來源：公開資訊觀測站

**Q 假設前三關都通過了，那我還需要注意什麼？**

**A** 再來你就要看「權益變動表」。很多人會覺得公司賺錢了，應該配發股利或是股息給投資人。這種想法沒有錯；可是有很多時候，公司卻是賺了錢，但不打算分配給股東，或者只是配發很少的股票股利或是現金股利。因此，在成為它的股東前，你可以去看看這家公司的「權益變動表」，上面會顯示歷年來對股東的分潤是好還是不好？因為有的公司比較照顧員工，而不是股東；有些公司則是未來打算要用到錢，去買土地、蓋廠房、添購機器設備，或者去併購別的公司，因此把賺到的錢保留下來，而不發放給股東。例如：觸控面板大廠宸鴻，它在民國 99 年的時候賺很多錢，EPS 高達 23 元，可是它最後決議只分給股東 2.96 元，算是相當少，消息出來還引起軒然大波，甚至有立委都跳出來，說要查宸鴻是否意圖要協助大股東規避稅賦。這是因為，上市公司可以透過股利政策，讓大股東所須負擔的稅賦比較少；可是對一般投資人而言，股利分配率這麼低，真的難以接受。這個事件在當時還曾經造成宸鴻連跌好幾天。因此，觀察公司的股利政策，還有機會藉由買賣權證起到短打的效應。

### 股利政策範例

3673F-TPK 走勢圖 成交明細 技術分析 新聞 **基本資料** 籌碼分析 個股健診 新版理財

公司資料 營收盈餘 **股利政策** 申報轉讓

| 年 度 | 股利政策 | | | | 單位：元 |
| --- | --- | --- | --- | --- | --- |
| | 現金股利 | 盈餘配股 | 公積配股 | 股票股利 | 合 計 |
| 102 | 4.98 | 0.00 | 0.00 | 0.00 | 4.98 |
| 101 | 20.91 | 0.00 | 0.00 | 0.00 | 20.91 |
| 100 | 19.73 | 2.96 | 0.00 | 2.96 | 22.69 |
| 99 | 0.00 | 0.50 | 0.00 | 0.50 | 0.50 |

資料來源：YAHOO! 奇摩股市

此外，有些上市公司雖然有賺錢，但是股東給的分紅卻分得少；但也有公司上個年度沒有賺錢，卻照樣能夠配股配息。因為公司縱使有賺錢，卻依法可以將盈餘保留下來，原因有二。一方面是保護債權人，畢竟不少公司會借錢周轉，如果公司有賺錢，全部分給股東而不拿部分盈餘去還款，或者不將部分盈餘保留下來的話，對債權人來說是不太有保障的。另一方面，萬一公司當年度沒有賺錢或是營收不好，那麼歷年所保留下來的盈餘，就可以維持公司基本上的運作，甚至還有能力將以往保留下來的盈餘，提撥出來發放股息給股東。而一家公司發放股利的來源有兩種，一種是盈餘配股，另一種就是資本公積轉配股，這些都可以從權益變動表中看到。

**盈餘配股**

公司用今年賺的錢來發放股利。

### 2330 台積電

| 股利政策 | | | | | 單位:元 |
|---|---|---|---|---|---|
| 年　度 | 現金股利 | 盈餘配股 | 公積配股 | 股票股利 | 合　計 |
| 103 | 4.50 | 0.00 | 0.00 | 0.00 | 4.50 |
| 102 | 3.00 | 0.00 | 0.00 | 0.00 | 3.00 |
| 101 | 3.00 | 0.00 | 0.00 | 0.00 | 3.00 |
| 100 | 3.00 | 0.00 | 0.00 | 0.00 | 3.00 |
| 99 | 3.00 | 0.00 | 0.00 | 0.00 | 3.00 |
| 98 | 3.00 | 0.00 | 0.00 | 0.00 | 3.00 |
| 97 | 3.00 | 0.02 | 0.03 | 0.05 | 3.05 |
| 96 | 3.03 | 0.02 | 0.03 | 0.05 | 3.08 |
| 95 | 3.00 | 0.02 | 0.03 | 0.05 | 3.05 |
| 94 | 2.50 | 0.15 | 0.15 | 0.30 | 2.80 |

資料來源：YAHOO! 奇摩股市

**資本公積**

Additional Paid-In Capital，字面上的意思是「額外投入的資本」。資本公積的來源包括股本溢價、認股權、股東捐贈、庫藏股交易……其共同點是公司和股東之間往來的收付差額，皆由股東投入資源給公司，但股東本身並未得到相對應的股本，資本公積也因此被歸屬在股東權益的項目底下。

**Q 我該以什麼為標準來認定這些數值究竟是偏高或偏低？**

**A** 要解讀這些報表上的數字好壞，有二大原則：一是和自己比，找出這家公司過往的紀錄，例如：上個月、上一季，或者是去年的同一季，去比較數值；二是和同性質的公司相比較。這些數值來源，包括企業年報、營收、組織架構、股

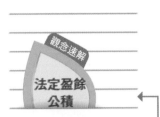

東背景、大股東持股情況等等，都可以從公開資訊觀測站、企業的官方網站、券商網站、國內各大入口網站等，查詢到相關資料。

另外，像是財報評等、個股新聞等等，在券商網站和國內各大入口網站也有資料，都可以讓投資人作為選股的參考。總之，綜合損益表是用來表達公司的營運結果；資產負債表是顯示企業在某一個時間點（例如：一季、一年）的財務狀況；權益變動表詳載股東的權益變化，包括股票股利、現金股利、法定盈餘公積等利潤配發的情況；現金流量表則是顯示企業在某一段時間內現金流進流出的情況。投資人只要抓緊要點，就不再會被龐大的財報數字給嚇跑了！

| 報表項目 | 呈現目的 | 包含內容 |
|---|---|---|
| 綜合損益表 | 營運成果 | 收益、財務成本、折舊及攤銷費用、其他損益、每股盈餘、手續費支出……等項目 |
| 資產負債表 | 財務情形 | 現金、流動資產、固定資產、流動負債、長期負債、長期投資……等項目 |
| 權益變動表 | 股東的權益變化 | 股本、資本公積、保留盈餘……等項目 |
| 現金流量表 | 現金的進出 | 營運活動的現金流、籌資活動的現金流、投資活動的現金流 |

## 強勢股要件一，本益比（P/E）< 15

**Q 上市公司都會定期公布財報，那麼要符合怎樣的要件，才算是強勢股？**

**A** 瞭解一家公司的財報竟然隱藏這麼多「眉角」之後，才能進一步根據其中的某些數字去計算衡量目前的股價是否合理。我們現在以多數外資選股的角度，來介紹具有哪些條件才是可以著墨的個股。這些條件，像是市值夠大、成交量夠多的權值股，通常是外資操作的最愛；既然受到外資青睞，你當然可以勇敢地把它列進你的持股名單。外資最常操作的個股，最為人所知的有台積電（截至

2019/10/6 有 500 檔）、鴻海（截至 2019/10/6 有 482 檔）、聯發科（截至 2019/10/6 有 385 檔）等等，都是屬於市值夠大、成交量夠多的權值股。這也是為什麼連結這些個股的權證也特別多的原因。接下來，外資還會看本益比。

權值股：台積電

搜尋結果： 匯出成Excel　資料載入:30 / 500筆 2019/10/06 21:38:06

| 權證代號 | 買量 | 買價 | 賣價 | 賣量 | 買賣價差(註) | [illegible](註) | 成交價 | 漲跌幅 | 成交量 | 標的名稱 | 價內/外程度 履約價 | 行使比例 | 剩餘天數 | 有效槓桿 | BIV(註) | SIV(註) |
|---|---|---|---|---|---|---|---|---|---|---|---|---|---|---|---|---|
| 08361P 台積電群益8C售07 | 25 | 0.01 | 0.05 | 10 | 400.0% | 23.2% | - | -% | 0 | 台積電 | 69.3% 外 183.30 | 1.0410 | 68 | -16.11 | 39.88 | 46.31 |
| 08885P 台積電群益92售05 | 40 | 0.19 | 0.21 | 10 | 10.5% | 6.6% | 0.19 | ▼9.5% | 262 | 台積電 | 54.8% 外 178.65 | 1.0000 | 133 | -13.60 | 33.74 | 34.20 |
| 06895P 台積電群益8A售01 | 0 | - | - | 0 | -% | -% | - | -% | 0 | 台積電 | 51.5% 外 182.50 | 0.2600 | 17 | 0.00 | 0.00 | 0.00 |
| 08335P 台積電群益8C售06 | 421 | 0.01 | 0.05 | 10 | 400.0% | 13.8% | - | -% | 0 | 台積電 | 47.6% 外 187.31 | 0.3120 | 67 | -17.34 | 34.03 | 40.99 |
| 03623P 台積電群益93售03 | 25 | 1.07 | 1.08 | 10 | 0.9% | 4.6% | - | -% | 0 | 台積電 | 46.6% 外 188.58 | 1.0000 | 174 | -9.73 | 34.79 | 34.85 |
| 08954P 台積電群益91售05 | 30 | 0.19 | 0.20 | 10 | 5.3% | 7.3% | 0.20 | ▼9.1% | 136 | 台積電 | 46.6% 外 188.58 | 1.0000 | 104 | -15.05 | 32.97 | 33.21 |
| 07816P 台積電群益88售03 | 0 | - | - | 0 | -% | -% | - | -% | 0 | 台積電 | 43.2% 外 193.07 | 0.1560 | 39 | 0.00 | 0.00 | 0.00 |
| 08706P 台積電群益8C售10 | 25 | 0.07 | 0.08 | 10 | 14.3% | 7.4% | - | -% | 0 | 台積電 | 37.2% 外 201.48 | 0.2020 | 88 | -15.38 | 33.21 | 33.94 |

資料來源：群益證券

權值股：鴻海

搜尋結果： 匯出成Excel　資料載入:30 / 482筆 2019/10/06 21:37:16

| 權證代號 | 買量 | 買價 | 賣價 | 賣量 | 買賣價差(註) | [illegible](註) | 成交價 | 漲跌幅 | 成交量 | 標的名稱 | 價內/外程度 履約價 | 行使比例 | 剩餘天數 | 有效槓桿 | BIV(註) | SIV(註) |
|---|---|---|---|---|---|---|---|---|---|---|---|---|---|---|---|---|
| 08359P 鴻海群益91售02 | 25 | 0.12 | 0.13 | 10 | 8.3% | 4.6% | - | -% | 0 | 鴻海 | 59.3% 外 45.64 | 1.0520 | 101 | -10.43 | 45.14 | 45.73 |
| 07931P 鴻海群益88售06 | 25 | 0.13 | 0.14 | 10 | 7.7% | 7.4% | - | -% | 0 | 鴻海 | 27.4% 外 57.95 | 1.0520 | 45 | -16.76 | 39.88 | 40.46 |
| 08648P 鴻海群益8C售14 | 25 | 0.81 | 0.82 | 10 | 1.2% | 4.6% | - | -% | 0 | 鴻海 | 21.4% 外 59.90 | 1.0520 | 81 | -10.62 | 37.77 | 37.89 |
| 03786P 鴻海群益94售02 | 25 | 1.68 | 1.69 | 10 | 0.6% | 3.1% | 1.73 | ▼3.9% | 1 | 鴻海 | 21.2% 外 60.00 | 1.0000 | 185 | -6.98 | 34.03 | 34.03 |
| 08658P 鴻海群益91售03 | 25 | 1.81 | 1.84 | 10 | 1.7% | 3.3% | - | -% | 0 | 鴻海 | 17.6% 外 61.80 | 1.0520 | 118 | -7.75 | 38.71 | 38.94 |
| 06984P 鴻海群益8C售03 | 25 | 0.28 | 0.29 | 10 | 3.6% | 4.4% | - | -% | 0 | 鴻海 | 17.6% 外 61.80 | 0.2830 | 82 | -10.02 | 36.95 | 37.45 |
| 07973P 鴻海群益88售07 | 25 | 0.41 | 0.42 | 10 | 2.4% | 5.6% | - | -% | 0 | 鴻海 | 14.1% 外 63.70 | 0.5260 | 47 | -13.15 | 38.59 | 38.88 |
| 03563P 鴻海群益90售03 | 25 | 2.78 | 2.80 | 10 | 0.7% | 2.8% | - | -% | 0 | 鴻海 | 12.7% 外 64.50 | 1.0000 | 171 | -6.55 | 34.03 | 34.26 |

資料來源：群益證券

搜尋結果　匯出成Excel　　　　　　　　　　　資料載入:30 / 385筆　2019/10/06 21:35:01

| 權證代號 | 買量 | 買價 | 賣價 | 賣量 | 買賣價差(%) | 合理價差(%) | 成交價 | 漲跌幅 | 成交量 | 標的名稱 | 價內外股份票 | 行使比例 | 剩餘天數 | 有效槓桿 | BIV | SIV |
|---|---|---|---|---|---|---|---|---|---|---|---|---|---|---|---|---|
| 08363P 聯發科群益8C售07 | 0 | - | - | 0 | -% | 15.7% | - | -% | 0 | 聯發科 | 88.9% 外 284.11 | 0.3090 | 68 | 0.00 | 0.00 | 0.00 |
| 07932P 聯發科群益88售05 | 0 | - | - | 0 | -% | -% | - | -% | 0 | 聯發科 | 87.1% 外 206.06 | 0.1850 | 45 | 0.00 | 0.00 | 0.00 |
| 07870P 聯發科群益88售03 | 0 | - | - | 0 | -% | -% | - | -% | 0 | 聯發科 | 72.4% 外 223.55 | 0.1230 | 41 | 0.00 | 0.00 | 0.00 |
| 03075P 聯發科群益91售06 | 25 | 0.11 | 0.12 | 10 | 9.1% | 4.5% | 0.12 | ▼14.3% | 11 | 聯發科 | 71.3% 外 225.00 | 0.2500 | 118 | -9.56 | 46.66 | 47.25 |
| 08241P 聯發科群益8C售04 | 100 | 0.02 | 0.05 | 10 | 150.0% | 8.0% | - | -% | 0 | 聯發科 | 58.6% 外 242.99 | 0.0510 | 59 | -18.07 | 55.29 | 63.97 |
| 08887P 聯發科群益91售02 | 25 | 0.22 | 0.23 | 10 | 4.5% | 4.1% | 0.23 | ▼17.9% | 100 | 聯發科 | 54.2% 外 250.00 | 0.2000 | 102 | -9.26 | 46.65 | 47.03 |

資料來源：群益證券

### Q 什麼是本益比？它的意義又是如何？

A 本益比（P/E）其中的「本」，也就是「P」(price)，指的是投資人買進股票的市價或成本；「益」則是「E」（EPS），指的是公司的每股盈餘。本益比就是每投資一元的持股成本與所得到的獲利之比值。使用這個公式的假設前提，是建立在公司將所有的盈餘都配發給股東，沒有保留盈餘的情況之下，而且都是發放現金（即沒有股票股利）。

而多數投資人注重的每股盈餘（EPS），每股盈餘愈高，代表利潤愈多，而這樣的數值套用到本益比中（P/E），分母變大，相對地本益比的結果就會變小。對一般法人、特別是外資而言，本益比要小於 15 倍，會比較有吸引力。

**Q** 這樣說來，每股盈餘（EPS）、本益比（P/E）和投資報酬率（E/P）似乎是密不可分的關係？

**A** 沒有錯，本益比和投資報酬率都和每股盈餘有關係，在計算公式上，本益比和投資報酬率其實互為倒數。換句話說，當股票的投資報酬率較高時，相對地，就是本益比較低。假設本益比從 20 倍變成 30 倍，投資人可別高興，因為這代表投資報酬率縮水，從 5% 降低成 3%；自然而然，它的股價就會向下修正。這時候，該如何操作股票或權證，就很明白了。

每股盈餘（EPS）→ 淨利／流動在外的股數
本益比（P/E）→ 股價／每股盈餘
投資報酬率（E/P）→ 每股盈餘／市價

EPS 愈高，不代表連結標的股愈好，還必須同時衡量本益比（P/E）。

**Q** 有些人喜歡追求電子股相關的族群，包括外資也是如此。但是電子股的本益比通常比較高，為什麼還會有人追逐呢？

**A** 不同產業適用的本益比範圍不同，當然不能用同一套標準來審視。具有高成長潛力的公司，它們合理的本益比也比較高，例如資通訊產業的本益比就高於食品業。

**Q** 不是本益比低的股票會比較好嗎？那麼本益比高的股票利基點在哪裡？

**A** 因為需要關心的是本益比（P/E）中的 E，也就是每股盈餘（EPS）。假設 A 公司今天股價 100 元，每股盈餘 20 元，A 公司本益比為 5；B 公司今天股價 200 元，每股盈餘 25 元，B 公司本益比則是 8。表面上，B 公司的本益比高於 A 公司，

可是因為投資人專注的是每股盈餘,就是如果每股盈餘高,自然賺比較多,未來應該較有前景,相對地投資人就較為看好,願意花錢去買這些股票,股價就會應聲上漲,道理便在於如此!

再看獲利能力這個部分,除了每股盈餘(EPS)之外,還有一個外資特別重視的指標,那就是股東權益報酬率(ROE)。

 如果要在二家公司之間選擇其一,在雙邊的成長性都差不多的情況下,可以選擇本益比低的那家,因為股價比較有上升的空間。

## 強勢股要件二,股東權益報酬率(ROE)> 15%

**Q** 什麼是股東權益報酬率(ROE)?

**A** 股東權益報酬率(ROE)這個數據,也是股神巴菲特選股的指標之一!

計算方式就是「稅後純益」除以「平均股東權益淨額」。簡單地說,股東權益報酬率代表一家公司的股東每出一元,能賺多少錢回來?在投資分析上,最重要的財務分析指標莫過於股東權益報酬率了,因為股東權益報酬率在本質上結合了一家公司的主要財務結構、經營效率及獲力能力等三大項,通常股東權益報酬率高的公司,也代表這家公司的賺錢速度比較快,償債能力也會比較強。

 ROE 數值愈高,代表公司的獲利也高,股東能夠得到的權利相對就多了。

### Ⓠ 為什麼不看淨利就好了？

Ⓐ 我們先前有提到「保留盈餘」的這個概念，因為一家公司縱使淨利很高，也不見得全部會發放給股東，所以在選股時，可以檢視這家公司過往發給股東股利多寡的軌跡。以外資的選股標準來說，股東權益報酬率最好要高於15%，代表這家公司的經營能力在水準以上。不過，當一家公司的股東權益報酬率較高的原因，是因為業外收入而來，尤其是因為出售轉投資股票或是出售土地等不動產而產生的淨收入時，則要特別留意，因為這些收入來源，既不是恆常，也沒有辦法持續。運氣好，買對時機可以賺一波；運氣不好，就會在高檔慘遭套牢了。而若是買權證，則要小心嚐到歸零膏。

 股東權益報酬率（ROE）→ 稅後純益／平均股東權益淨額

## 強勢股要件三，股價淨值比（P/B）< 2

### Ⓠ 萬一遇到空頭時期，很多公司都沒有賺錢，還有什麼數據可以選股？

Ⓐ 先前提到要能成為不倒翁的強勢股，最起碼的條件是股東權益報酬率（ROE）高於15%，本益比（P/E）則是在15倍以下。不過，本益比並非所有時間、所有產業都適用，尤其在空頭的時候更不適用！

因為本益比中（P/E）的 E，代表的是盈餘，在景氣不好的時候，有些公司的盈餘很有可能是負數；既然是負數，那麼這個公式就不能夠用了。所以在景氣不好、公司沒有賺錢時，就要改看「股價淨值比（P/B）」，B 代表帳面淨值。假設今天投資人買到的股價是 15 元，但這家公司的淨值是 20 元，代表這家公司如果馬上被清算解散之後，它有 20 元的價值，超過股價，投資人花 15 元買到這家公司的

股票，等於算是賺到了。

　　所以在空頭的時候，股價淨值比（P/B）最好是小於1，但是有些外資的選股標準比較嚴格，它的要求是要小於2。可是即使股價淨值比小於2，也不代表這家公司的股價就會上漲；因為還牽涉到量和價的問題。因為即使你挑了一檔自認為是很好的股票，可是曲高和寡也沒用，要英雄所見略同，有人跟才有戲唱，而且要有大量地買單，股價才會上揚，你的權證也才會跟著飆漲。

 股價淨值比（P/B）→ 市場價值／淨值

## 跟著流行走，冷門股變搶手貨

**ⓠ 外資專攻權值股，可是有些公司股價的門檻比較高，口袋淺的投資人是不是可以用權證來替代買現股操作呢？**

　　ⓐ大部分會變成搶手貨的股票，多數的原因是因為趨勢和話題，例如：鴻海（2317）就是靠著蘋果，股價才會居高不下！當然冷門股情況也是如此，例如：華寶（現在已經被仁寶併入）和華冠（8101）當初因為吃了諾基亞（Nokia）的大單，也是鹹魚翻生，股價飆漲過一陣子！而逮到這種時機去操作權證，自然會賺飽飽了。

　　以往手機代工廠曾在2004年左右紅極一時，後來代工水準不如預期，因此國外手機大廠紛紛改為自製，使得手機代工廠一度沉寂。不過，隨著iPhone熱賣，帶動全球智慧型手機需求，全球一線手機大廠的代工訂單，又紛紛找上臺灣。例如原本華寶已經擁有宏碁、Palm、LG、摩托羅拉與惠普的智慧型手機代工訂單，後來以往堅持內部研發製造的LG，也首度釋出訂單給華寶。再加上華寶吃下手機龍頭諾基亞（Nokia）的大單，股價因此不斷攀升，華寶的股價在短短七、八個月，曾經一口氣從25元左右，一度

衝破 70 元關卡。如果你順藤摸瓜，買到華寶的權證，報酬率可是相當驚人的。

　　華寶只是其中一個案例，但這種上漲趨勢，並非難以預見，有時只要留意週遭生活環境的變化，要抓到趨勢，也不算太難。比方說，當人們開始頻繁地滑手機，廣告也一直找明星來代言手機，甚至現在很多人還不只有一支手機，這就是手機已經占據人類生活的一種趨勢。因此，智慧型手機／穿戴裝置，造就了兩代股王——宏達電（2498）以及大立光（3008）；大立光還因此創下了 6075 元的天價。就算你覺得這些千元股價遙不可及，你當然可以想到以小搏大的權證，讓自己可以用小資參與大行情了。（大立光截至 2019/10/6，有 500 檔權證發行）

　　此外，隨著智慧型手機、平板電腦市場逐漸飽和，近期像是穿戴裝置、物聯網（IoT，Internet of Things）等，已成為科技界的新顯學、也是未來會大幅影響人類生活型態的重大關鍵。根據國際研調機構 BI Intelligence 的報告，全球物

**觀念速解**

**物聯網**

又稱智慧聯網（The Internet of Things），它的概念是透過無線射頻辨識系統（RFID）、自動辨識及資料擷取系統（AIDC）、紅外線感應器（Sensor）等相關技術，以無線通訊串連所有的產品或物件，實現人、機器和系統三者合一的智慧化連結。

| 權證代號 | 賣量 | 買價 | 賣價 | 賣量 | 買賣價差(II) | 合理價差(II) | 成交價 | 漲跌幅 | 成交量 | 標的名稱 | 價內/外距所需 | 價比例 | 行使天數 | 剩餘槓桿 | 有效 | BIV (II) | BIV (II) |
|---|---|---|---|---|---|---|---|---|---|---|---|---|---|---|---|---|---|
| 08814P 大立光群益91售09 | 25 | 0.34 | 0.35 | 10 | 2.9% | 3.1% | 0.34 | ▼8.1% | 86 | 大立光 | 128.5%外 1964.90 | 0.1020 | 95 | -7.76 | 70.27 | 70.52 | |
| 03906P 大立光群益93售18 | 25 | 0.56 | 0.57 | 10 | 1.8% | 2.8% | 0.57 | ▼3.4% | 35 | 大立光 | 124.5%外 2000.00 | 0.1000 | 164 | -6.97 | 57.49 | 57.63 | |
| 03505P 大立光群益92售06 | 25 | 0.46 | 0.47 | 10 | 2.2% | 2.7% | 0.46 | ▼4.0% | 240 | 大立光 | 79.6%外 2500.00 | 0.0250 | 143 | -6.54 | 56.07 | 56.30 | |
| 08215P 大立光群益8C售04 | 25 | 0.08 | 0.09 | 10 | 12.5% | 4.2% | - | -% | 0 | 大立光 | 75.8%外 2554.37 | 0.0200 | 59 | -10.11 | 64.93 | 66.00 | |
| 08336P 大立光群益8C售06 | 25 | 0.29 | 0.30 | 10 | 3.4% | 3.6% | - | -% | 0 | 大立光 | 67.4%外 2682.09 | 0.0310 | 67 | -9.02 | 63.40 | 63.75 | |
| 08242P 大立光群益8C售06 | 25 | 0.09 | 0.10 | 10 | 11.1% | 4.1% | - | -% | 0 | 大立光 | 60.4%外 2799.99 | 0.0118 | 59 | -9.93 | 61.68 | 62.77 | |
| 08955P 大立光群益91售12 | 25 | 1.15 | 1.16 | 10 | 0.9% | 2.6% | 1.13 | ▼5.0% | 30 | 大立光 | 52.3%外 2947.35 | 0.0250 | 104 | -6.51 | 59.20 | 59.33 | |
| 08054P 大立光群益88售05 | 25 | 0.10 | 0.11 | 10 | 10.0% | 4.2% | - | -% | 0 | 大立光 | 45.1%外 3094.72 | 0.0070 | 49 | -10.27 | 60.29 | 61.42 | |
| 08165P 大立光群益91售02 | 25 | 0.85 | 0.86 | 10 | 1.2% | 2.1% | - | -% | 0 | 大立光 | 38.5%外 3242.09 | 0.0080 | 118 | -5.20 | 60.97 | 61.22 | |

資料來源：群益證券

聯網裝置的安裝數量，將從 2014 年度的 70 億台，增加至
2018 年預估的 180 億台；這種爆發性的成長，勢必會吸引
更多的業者，投入和物聯網相關的軟、硬體製造；而這將
近 1.9 兆美元的產值，也將會改寫科技業的版圖。

　既然物聯網未來的營運成長空間、與獲利能力前景樂觀，
因此，跟這些主題有關的 IC 設計、智能電腦（IPC）、網
通設備、電子商務等公司，都是未來潛在的受惠者。建議
看好未來商機的投資人，可利用認購權證以小金搏大利。
在挑選所連結標的時，可先留意相關族群的龍頭個股〔例
如 IC 設計龍頭聯發科（2454）近年大舉跨入物聯網領域；
標榜可以提供創新 IC 封裝解決方案，以滿足高效能、效率
及尺寸需求的 IC 封測龍頭廠日月光投控（3711）等公司〕，
並利用價內外 15％以內、距離到期日在 60 天以上的認購
權證參與行情。

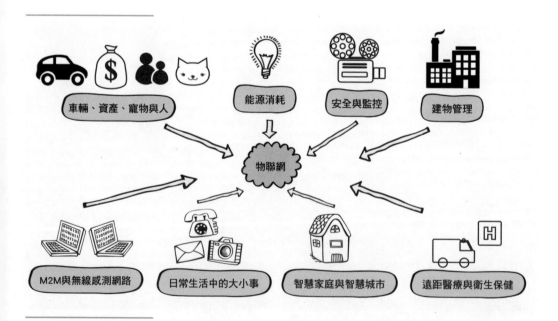

心動也要行動！

今天是 _____ 年 ___ 月 ___ 日

我想買的權證是 _____，代號是 _____

想買的原因是：

今天是 _____ 年 ___ 月 ___ 日

我想買的權證是 _____，代號是 _____

想買的原因是：

# 檢視個股的技術面

技術分析的功能，就是尋找買賣的最佳時間點，而權證是跟著標的股走的，因此要善用個股的技術分析，以藉此找到買賣權證的切入點。最常用的工具就是「K線圖」，再輔助趨勢指標。投資人可以透過「MA移動平均線」、「MACD 指數平滑異同平均線」、「DMI 趨向指標」這些指數，判斷多空趨勢；而「KD隨機指標」、「RSI 相對強弱指標」、「BIAS 乖離率」，就是短波切入點。　要提醒投資人的是，由於權證有分「認購權證」（做多）和「認售權證」（做空），因此，技術分析的用法會剛好相反，投資人要格外小心，以免錯估趨勢。

**K 線圖**

由連串的 K 棒組成的 K 線圖，可代表一段時間內股價的大致表現。

單元重點

・MA 移動平均線＋ MACD 指標，掌握多空趨勢

・KD 指標、RSI 指標、BIAS 乖離率，尋找進出場點
・認售權證 V.S. 認售權證，分析指標用法相反

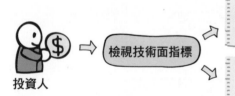

投資人　⇒　檢視技術面指標　⇒

・MA移動平均線
・MACD指數平滑異動平均線
・DMI趨向指標　⇒　掌握多空趨勢

・KD隨機指標
・RSI相對強弱指標
・BIAS乖離率　⇒　掌握進出場時機

## 量價與時間二大因素，影響技術分析結果

**Q** 很多投資人都會看技術分析，技術分析對權證進出時間點的掌握，到底有什麼好處和意義？

**A** 要選擇一檔值得投資的好股票、好權證，要先從基本面著手；至於什麼時候進出場，技術分析就是在尋找最佳的時間點。換句話說，基本面是以中長期的角度來選擇股票，技術分析則是短期的進出場點！投資人必須先瞭解技術分析的

前提架構：一、它是假設性的，二、要同時觀察量價關係，三、它是有時間限制的。簡單來說，技術分析是假設過去量和價可以複製到未來，那麼投資人就要觀察量價關係和壓力情況，例如：獲利了結賣壓和解套賣壓必須被克服。至於克服的量要多少，這就牽涉到投資人要以多少時間來做判斷，例如：三個月、半年或是一年的成交量等等，因為時間不同，判斷的標準量也就不一樣。

## 從 K 線圖掌握價與量，小心主力的騙線

**Q 有哪些線圖比較簡單又好用？一般投資人該怎麼解讀？**

**A** 最常用的就是「K 線圖」，另一個是「移動平均線」；這兩種是研究技術分析的基本功。首先，我們先來瞭解 K 線圖。K 線是由許多 K 棒形成的線圖，它是顯示股價變動最好的工具，也可以顯示當日交易買賣雙方的力道。而 K 棒只顯示四個價位：開盤價、收盤價、最高價和最低價；當收盤價大於開盤價時稱為「收紅」，反之則稱為「收黑」。

開盤價

個股在上午 9:00 股票市場開始交易時的價格。

收盤價

個股在下午 1:30 整，股票市場結束交易時的價格。

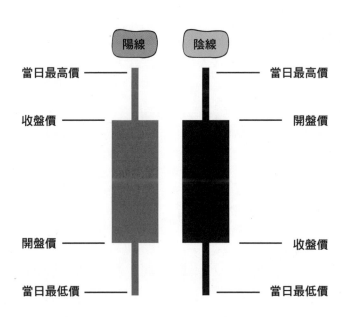

　　連接各支 K 棒的頂部和底部，分別會形成虛擬的「壓力線」和「支撐線」，可以幫助投資人擬定投資決策，考慮是該買進？還是該賣出？支撐線是指股價下跌至某一價位時，會遇到強而有力的買進力道，使得股價不容易再繼續下跌，甚至會使股價反轉向上，此種現象稱為支撐；如果將這些支撐點的價格連接起來，就成為支撐線。在多頭轉空頭的局勢時，當股價跌破支撐線，股價很有可能繼續探底；此時，跌破支撐線就是賣出的訊號。壓力線則是指股價漲到某個價位時，會遇到很大的解套或獲利了結賣壓，使得股價無法再繼續往上，甚至可能反轉下跌，這種現象稱為壓力。如果將這些壓力點的價格連接起來，就是壓力線。在空頭轉多頭的局勢中，一旦股價突破壓力線，並站穩不再往下回跌，那麼壓力線就成為買進的指標。

 股價有支撐：沒有跌破支撐線→股價上漲，繼續持股。
　　　　　股票有壓力：突破壓力線→股價上漲，做多買進。

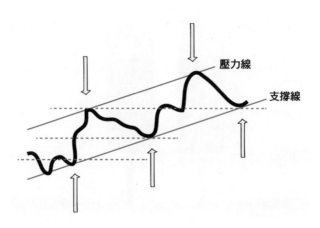

**Q 關於量的部分，投資人應該注意什麼？**

**A** 關於量的部分，則須特別注意：下跌的狀況是「下殺有量」？還是「下殺無量」？如果是下殺有量的情況，可能股價下跌到某一種程度之後，買的人認為已經夠便宜，所以願意買，而且願意大量買。而賣方呢，可能想賣的差不多已經賣光，或者是覺得股價已經太低而寧可留著不賣。

如果是下殺無量就有不一樣的解讀：一種是沒有買盤，另一種是沒有賣盤！如果是殺到跌停鎖住，投資人要用最低價去賣還沒有人要買，所以才沒有量，這就是沒有買盤，所以很有可能還會繼續跌──就是所謂跌停之後還會跌個不停！如果沒有到跌停鎖死的地步，這表示投資人認為這已經跌得夠低了，不想賣了，所以才沒有量，這就是沒有賣盤的情況，也代表差不多是底部，可能不會再跌了，股價就有反彈的機會。

**Q 投資人如果只看 K 線圖來進出場，很容易就會被「騙線」給套住，所以使用技術分析，不能單靠一種，一定還要搭配其他的技術分析才會比較準確，對不對？**

**A** 是的。所謂的 「騙線」 ，一種是外面的人要騙你，例如主力要坑殺散戶；另一種就是誤判情勢，自己騙自己。為了避免被「騙線」給圈殺，也避免投資人的主觀意識作祟，投資人一定要同時觀察多種技術分析，再來決定是買還是賣。雖然每一種指標多半都會有盲點，但是可以搭配其他的技術分析來輔助，降低失誤率。

**觀念速解**

**騙線**

主力資金利用投資者過於迷信分析數據的心理，故意拉抬或打壓價格，使技術圖表呈現某種特定的線型，以誘使投資者買進或賣出個股。

首先，觀察 K 線圖須價、量一起看，也就是不止要看價格，也不能忽略成交量的變化。投資人在看 K 線圖時，首先要選擇觀察的「時間」，例如：日線、月線、季線、半年線、年線，整個 K 線圖的圖表就會不一樣，而股價面臨的支撐線和壓力線也就不同了。而買賣權證，特別是要觀察短線指標轉強或轉弱，再來出手，勝算會較大。

## MA移動平均線，用月線評斷做多還是做空

（Q）如果說 K 線圖是技術分析的入門招式，而虛擬的支撐線和壓力線等於是一檔股價在短期之內低點和高點的範圍。然而支撐線和壓力線畢竟是虛擬的，不是很熟的投資人很容易會誤判多空情勢，是不是還有其他簡單明確的指標，可以輔佐投資人選擇買賣的參考點？

（A）除了 K 線圖之外，投資人可以搭配「移動平均線」來找尋買賣點。剛才我們提到騙線，以短期而言，主力可以砸錢做出幾天的線型圖誘騙散戶；但是以中長期而言，主力的口袋可沒這麼深，很難連續拉抬一季、半年、一年的線圖來騙投資人。所以，以 K 線圖為基底，再搭配簡單易懂的移動平均線，比較可以讓投資者預測股價的動向，以及進出場時間點的參考。

（Q）什麼是「移動平均線」？

（A）我們將過去一段時間內（例如年線、半年線、季線或是月線），算出股票收盤價的平均值，並連之成線，這就是移動平均線（Moving Average, MA）。移動平均線可說是股價在一段期間內的平均成本，它會隨著每日股價的漲跌而有不一樣的數值，代表個股價格平均成本的變化及趨勢，可以用來研判未來股價走勢的方向。我們以五日平均線（MA5）為例，它就是計算每五個交易日的平均股價，例如：第一天到第五天的平均股價；第二天到第六天這五日的平均股價；第三天到第七天這五日的平均股價，然後把這些平均股價連成一線，就是移動平均線。也就是說，同樣是抓五個交易日來計算，但是因為股價每天有漲有跌，因此，就會影響移動平均線的數值高低。

## **INFO** 移動平均線計算公式

$$MA = \frac{C_1 + C_2 + \cdots + C_n}{n}$$

其中 C 代表收盤價，n 代表某段期間計算的天數

### Q 天期長短有什麼差別嗎？

A 一般來說，移動平均線可以分為短期、中期、長期。短期移動平均線，大多取五日或十日來計算平均值；中期移動平均線大多以 20 日移動平均線，又稱為「月平均線」或「月線」來代表；另外還有 60 日移動平均線，稱為「季線」。但因為權證存續期多在半年左右，因此，投資人要特別注意個股的月線走勢。

### Q 我們該如何利用「移動平均線」來判斷該進場了？還是該退場了？

A 如果以單一的移動平均線來說，當股價漲或跌至平均線附近，將會產生壓力或支撐的力道，所以，移動平均線也會被視為某種壓力線或是支撐線。通常收盤價向下跌破移動平均線，而且在三個交易日內沒有再回到均線之上，便是出場訊號；若股價向上突破移動平均線，便可視為進場訊號。

| 天數 | 類型 | 期間長短 |
|---|---|---|
| 5 日、10 日 | 日均線 | 短期均線 |
| 20 日 | 月均線 | 中期均線 |
| 60 日 | 季均線 | 中期均線 |
| 120 日、240 日 | 年均線 | 長期均線 |

觀念速解

**壓力線**

Resistance line，即 K 線圖兩個波段的高點相連而成的線。

觀念速解

**支撐線**

Support Line，即 K 線圖兩個波段的低點相連而成的線。

從線圖上來看，過去的軌跡顯示，若股價跌到某個平均線（例如年線、半年線、季線或月線），就止跌回升了，這條線就會被視為是支撐線。所以，投資人在這個支撐線附近的價位買進，勝算就比較高。而如果跌破某個支撐線、線型轉弱的結果，反倒會讓這個支撐線變成短期的壓力線。相同的道理，移動平均線也可以被當作是壓力線，例如在過去一段時間裡，股價好幾次碰觸到這個價格區間帶，就再也漲不上去，我們就會視其為壓力線；當然這時候也要同時觀察量能的部分，才能夠做出比較準確的判斷。

**Q** 移動平均線有週線、月線、季線、半年線和年線這些數值，常常同時顯示在線圖上，這些數值大小有什麼意義？投資人又如何同時利用這些線圖當做買賣點？

**A** 當我們把股價圖跟這些移動平均線疊合在一起，就可以看出一些端倪。一般來說，移動平均線通常會呈現五大類型：

① **多頭排列**：多頭排列是愈長天期的均線愈在下方。以週、月、季線來看，季線會在最下方，週線在最上方，代表愈早買進愈便宜，所花的成本愈低。這也是多頭的象徵。

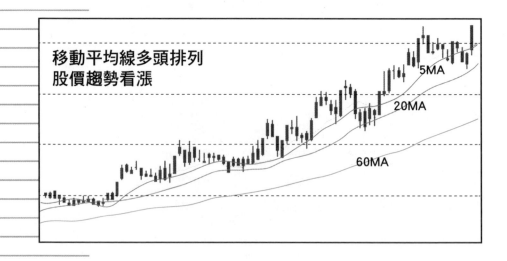

移動平均線多頭排列
股價趨勢看漲

5MA
20MA
60MA

② **空頭排列：** 空頭排列則是愈短天期的均線，愈是在下方。以週、月、季線來看，季線的線圖在最上方，代表愈早買進，所花的成本愈高，這也是空頭的象徵。

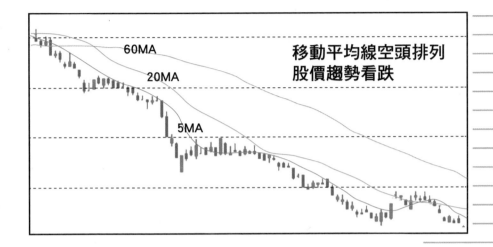

③ **黃金交叉：** 短天期的均線由下往上突破長天期的均線，代表股價從谷底翻轉向上，這就是黃金交叉，通常也是「認購權證」的買進訊號／「認售權證」的賣出訊號。

④ **死亡交叉：** 短天期的均線由上往下跌破長天期的均線，代表股價從高點翻轉向下，這就是死亡交叉，通常也是「認購權證」的賣出訊號／「認售權證」的買進訊號。

⑤ **均線糾結：** 長短期的均線小幅度交叉糾結在一起，代表個股正處於盤整時期，通常投資人在此時會保持觀望的態度。當然你就不應該買進權證，因為時間價值會白白地耗盡！

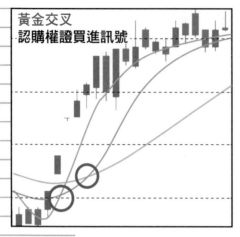

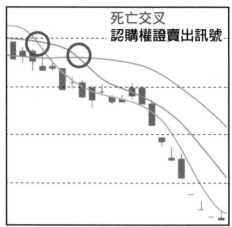

　　所以,投資人可以觀察自己買進時的價位,同時和短、中、長期的移動平均線的數值做比較,如果當日收盤在短、中、長期的移動平均線之上,代表多頭走勢,可以買進認購權證;相反地,當日收盤價在短、中、長期的移動平均線之下,就是空頭走勢,可以買進認售權證。

### 訊號 1:MA 指標訊號

| 如何判斷進出場訊號? | |
|---|---|
| 認購權證進場訊號<br>認售權證出場訊號 | 觀察每日收盤價 > MA5、MA20、MA60 |
| 認購權證出場訊號<br>認售權證進場訊號 | 觀察每日收盤價 < MA5、 MA20、MA60 |
| 5 日均線(MA5)代表周線<br>20 日均線(MA20)代表月線<br>60 日均線(MA60)代表季線<br>120 日均線(MA120)代表半年線 | |

**Q** 可是權證的存續期，大多都在半年內，投資人該如何善用ＭＡ移動平均線的數據？

**A** 因為權證的時間有限，所以，建議一般投資人在使用MA移動平均線時，以月線為主。一般來說，假設股價在月線以上，持續上漲，此時就做多買認購權證；相反地，股價持續在月線以下走低，跌勢機會較大，此時就做空買認售權證。

## 買「購」還是買「售」？
## 用 MACD 指數判斷多空趨勢

**Q** 要看個股的交易是否熱絡，是不是也可以使用 MACD 指標？

**A** MACD 指數平滑異同移動平均線的基本原理，是運用兩條不同速度的指數平滑移動平均線的走勢變化，作為判斷盤勢的指標，具有確認中長期波段走勢的功用。簡而言之，MACD 的原理是以長天期（慢線：MACD）移動平均線來作為研判大趨勢的走向，而以短天期（快線：DIF）移動平均線作為短期趨勢的參考。

當短天期（快線：DIF）移動平均線減去長天期（慢線：MACD）移動平均線，就會得到 OSC 數值，通常以柱狀體顯示（OSC = DIF － MACD）。OSC 的數據在水平線（零軸）以上為正值，水平線（零軸）以下為負值。因此，MACD 線圖會顯示三種數據：DIF 線、MACD 線、以及 OSC 柱狀圖；當快的移動平均線與慢的移動平均線二者交會時，代表趨勢已經發生反轉；而 OSC 柱狀的部分，在正負值交替的轉折點，也是趨勢反轉的表象。在買賣權證時，可以參考這些數值的變化，當OSC 接近0時，為短線買進或賣出的訊號；特別是當 OSC 柱線由負轉正時，為個股轉強訊號，當 OSC 柱線由正轉負時為個股轉弱訊號。

觀念速解

**MACD 指數平滑異同移動平均線**

原文是 Moving Average Convergence and Divergence，可以用來判斷買賣的時機與信號。

觀念速解

**OSC**

Oscillator，即振盪指標，也稱變動率（Rate of Change，ROC）。

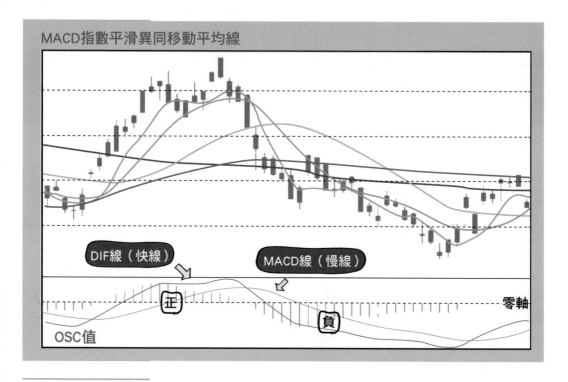

MACD指數平滑異同移動平均線

DIF線（快線）　　　　MACD線（慢線）

正　　　　　　負

零軸

OSC值

**Q** 以這樣的線圖來看，是不是也能看出多頭和空頭的趨勢？

**A** 是的。當 DIF 線、MACD 線、以及 OSC 柱狀圖都位在水平線（零軸）以上，就代表個股正處於多頭時期； 當 DIF 線、MACD 線、以及 OSC 柱狀圖都位在水平線（零軸）以下，就代表個股正處於空頭時期。投資人就可以趁此時考慮，是要選擇投資「認購權證」或是「認售權證」了。

DIF、MACD 或 OSC 值大於 0 → 可視為多頭市場

DIF、MACD 或 OSC 值小於 0 → 可視為空頭市場

**Q** 如此說來，MACD 指標是不是也會有黃金交叉和死亡交叉，當作買賣的時間點？

**A** 一般來說，當 DIF 線從下往上穿越 MACD 線時，代表個股短期漲勢形成，短線買盤熱絡，股價繼續上漲的機會比較高，這就是「黃金交叉」，投資人可以在此時尋找「認購權證」的買點；相反地，當 DIF 線由上往下穿越 MACD 線時，代表個股空方氣盛，股價繼續下跌的機會比較高，這就是「死亡交叉」，投資人這時候就該找尋適當的「認售權證」才是。

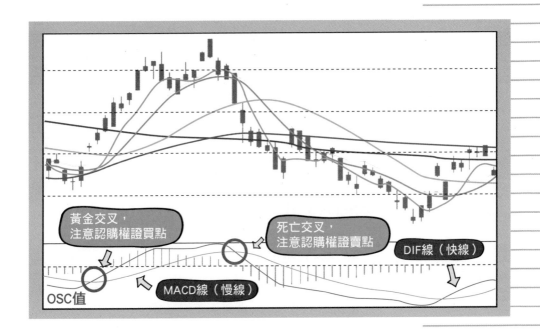

此外，OSC 柱狀圖也能判斷多空以及買賣的訊號。當 OSC 柱線為正數時，代表多頭趨勢，適合買進認購權證；當 OSC 柱線為負數時，代表空頭走勢，適合買進認售權證。因此，當柱線由負轉正時，就是買進認購權證的時機點；柱線由正轉負時，則是買進認售權證的時機點了。

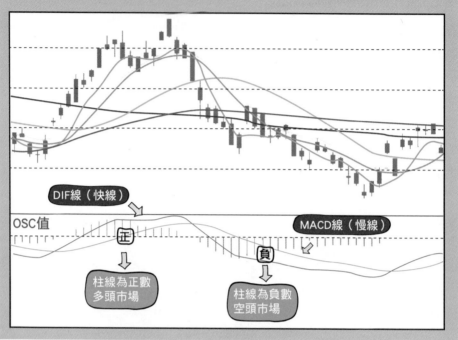

判斷多空與買賣訊號的 **OSC** 柱狀圖

DIF線（快線）

OSC值

MACD線（慢線）

正

柱線為正數
多頭市場

負

柱線為負數
空頭市場

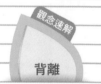

觀念速解

背離

即技術指標和走勢不一
致的意思。假如股票價
格在上漲或下跌的過程
中，不斷地創新高／創
新低，技術指標卻不跟
著創新高／創新低，這
種現象就稱為背離。

**Q** 除此之外，指標背離的情況通常是趨勢反轉的跡象，投資人是不是也可以注意進出場的機會？

**A** 是的，通常指標背離就是趨勢反轉的信號燈。

當 OSC 柱線在水平線（零軸）以上，但是 DIF 線和 MACD 線卻在水平線（零軸）以下，這種背離的情況，代表股價處於空頭時期，即將要反彈至多頭，投資人可以尋找相對低點買進認購權證；相對地，如果 當 OSC 柱線在水平線（零軸）以下，但是 DIF 線和 MACD 線卻在水平線（零軸）以上，這種背離的情況，代表股價即將要反轉往下了，投資人就該將認購權證獲利了結，買進認售權證。

雖然 MACD 指標也是常用的技術分析之一，不過，MACD 所呈現的趨勢，往往會在指數已經漲了一小段、或是跌了一小段後才開始反應，因此，比較適用於用來確定走

勢。建議買賣權證的投資人，MACD 呈現的買賣點還不夠即時，尤其遇到盤整時，更是使不上力，所以在使用 MACD 時，最好還是搭配其他技術分析指標一起使用，才能夠更精準的抓住波段中的高點和低點。

### 訊號 2：MACD 指標訊號

| 如何判斷進出場訊號？ | |
|---|---|
| 認購權證進場訊號<br>認售權證出場訊號 | 當 DIF > MACD |
| 認購權證出場訊號<br>認售權證進場訊號 | 當 DIF < MACD |

## DMI 趨向指標，掌握買賣勢力

**(Q) 很多技術分析大多都是以每日收盤價的走勢以及漲跌幅，延伸運算出許多不同的分析數據。但如果二天的收盤價相同，其中一天沒什麼波動，另一天波動卻很大，是不是意義就不一樣？**

**(A)** 是的，即使股價相同，但是波動不同，就意味著個股熱絡的程度就不同，DMI 趨向指標就可以明白指出這樣的狀況。因為 DMI 趨向指標的計算方式，就是透過股價每日的最高價、最低價及收盤價三者之間的波動情形來進行分析，這樣的方式也正好可以彌補 MACD 指數平滑異同移動平均線以及 RSI 相對強弱指數的不足。DMI 趨向指標的線圖，有二條方向線（＋DI、－DI）與一條趨向平均線（ADX），以反映買賣雙方力量波動的過程。

**Q** DMI 趨向指標有二條方向線（＋DI、－DI）和一條趨向平均線（ADX），這些代表什麼意義？

**A** DI 是股價上漲或下跌方向的指標，＋DI 表示上升方向指標，代表最近 N 日內實際上漲的百分比；－DI 表示下跌方向指標，代表最近 N 日內實際下跌的百分比；而 ADX 為趨勢動量指標，在漲勢或跌勢明顯的階段，ADX 線會逐漸增加，代表上漲或下跌的力量已經增強。因為這個 N 日可以自己設定，對於權證投資人來說還滿方便的。

**Q** 既然如此，DMI 趨勢指標的進出場訊號，是不是也可以透過交叉顯示？

**A** 對。DMI 趨向指標也有黃金交叉和死亡交叉之分；同樣地，這些交叉也就是進出場訊號。當股價上漲，＋DI 線會向上攀升，顯示上升動量的增強，－DI 線則會下跌，反映下跌動量的減弱。 所以，＋DI 線由下向上突破－DI 時，這就是黃金交叉，是認購權證的買進訊號；尤其加上 ADX 線的上揚，代表這個漲勢將會更強。而當－DI 線由上向下穿越＋DI 時，就是死亡交叉，可能是跌勢的開始，也是認售權證的進場時機，若再加上 ADX 線的再度上揚，就表示跌勢更凶了。

**Q** 那如果 ADX 線是由升轉跌的走勢，投資人又該怎麼看？

**A** 當股價到達高峰或谷底的轉折點時，通常 ADX 會在其前後達到最高點後反轉向下；因此，當 ADX 從上升的走向轉而為下降時，代表行情即將反轉。所以，如果在原先的漲勢中，ADX 卻在高檔處由升轉跌，表示漲勢即將結束；相反的，若在原本的跌勢中，ADX 卻出現在高檔處由升轉跌，也表示跌勢即將結束，行情會反轉向上了。因此，權證投資人可以藉由這個指標，找尋適合的進出場時間點。

**Q** DMI 指標的反轉信號會如何呈現？

**A** 當＋DI 和 ADX 上升到 40 至 50、－DI 卻是下跌到 0 至 10 的區域時，顯示買氣過熱，盤勢可能會反轉直下；而＋DI 下跌至 0 至 10 的區域、－DI 則上升到 40 至 50 區域時，顯示超賣情形嚴重，盤勢可能會反彈向上。投資人可以趁機找尋權證的買賣點。

比較特別的是，DMI 指標的 ADX 線，代表的是買氣強弱，一般認為 ADX 值在超過 20 到 25 以上時，就可以認定趨勢確實已經形成。因此，在持續漲勢中，ADX 線會上揚；但是在持續的跌勢中，ADX 線也是會持續上揚。所以，不論股價是在漲勢還是跌勢，只要看到 ADX 在高檔處由升轉跌，就是反轉的跡象。此外，當 ADX 值在＋DI 或－DI 值以下游走，或者是 ADX 值在 20 以下，表示股價可能處於盤整當中，趨勢難現；這個時候自然要避免買賣權證，以免時間價值流失。

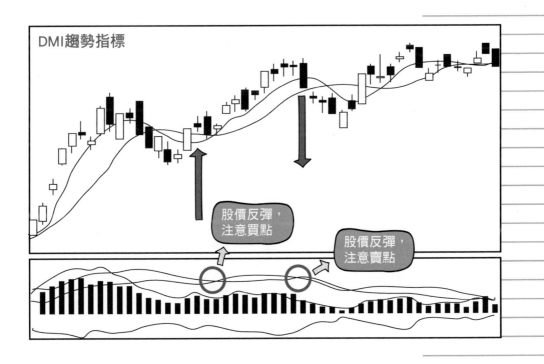

DMI趨勢指標

股價反彈，注意買點

股價反彈，注意賣點

**Ｑ 既然 DMI 指標是一項預測個股未來的趨勢指標，會不會因此而錯過股價短期的買點和賣點？**

**Ａ** 雖然 DMI 指標主要的用途在於判斷個股之股價趨勢，功能類似 MACD 指標，兩者皆是屬於落後指標，而這兩者的優點，都是對於股市多頭和空頭的勢力有較明確的掌握；也因為 DMI 指標和 MACD 指標的反應往往比股價反應還慢，所以較不適合單用此指標來做短進短出的買賣。如果要尋找波段中的高低點，使用 DMI 指標和 MACD 指標時，最好要再搭配 RSI 指標和 KD 線等其他的技術分析，才能掌握先機。

---

### 計算公式

1. 先求趨向變動值（DM），此數值代表股價增減的幅度：
   ＋ DM ＝ 本日最高價－昨日最低價
   － DM ＝ 本日最低價－昨日最低價
2. 分別求出其 N 日移動平均值，通常以 10 日、12 日、14 日為計算參數。
3. 找出真實的波動價位值，簡稱 TR，也就是今日與前一日的三種價差：最高價、最低價、收盤價：
   本日最高價－本日最低價
   本日最高價－昨日收盤價
   本日最低價－昨日收盤價
4. 求方向線（DI）：
   ＋ DI ＝＋ DI　N 日移動平均值 / TR N 日移動平均值
   － DI ＝－ DI　N 日移動平均值 / TR N 日移動平均值
   TR（True Range）－真正波幅值。
5. 最後求出 ADX 平均方向的移動平均值：
   方向平均值（DX）＝｜（＋ DI）－（－ DI）｜
   /（＋ DI）＋（－ DI）×100%
6. 再計算其 N 日移動平均值 ADX：
   例如 10 日移動平均值＝本日 ADX ＝昨日 ADX×9/10
   ＋本日的 ADX × 1/10

# RSI 和 KD 會「鈍化」，
## 須配合 MACD 和 DMI 才準確

**Q 觀察股市的熱絡情形，量價關係是一種方式，除此之外，是不是還有其他的指標？**

**A** 在技術分析中，不少投資人會使用 KD 值來觀察目前市場買賣雙方的交易熱絡程度。當股市處於多頭時，收盤價往往接近當日最高價；反之在空頭時，收盤價比較接近當日最低價；所以 KD 值的意義就是在反映近期收盤價在一段時間中，價格區間的相對位置。

KD 值是由 K（快速平均線）和 D（慢速平均值）兩條線所組成。假設取 N 天週期計算出隨機指標，首先找出最近 N 天當中曾經出現過的最高價、最低價與第 N 天的收盤價，然後利用這三個數字來計算第 N 天的未成熟隨機值（簡稱 RSV），然後才能計算出 K 值和 D 值，而 K 值與 D 值永遠介於 0～100 之間。

**Q 如何利用 KD 值進出場？**

**A** KD 線等於是移動平均線的延伸；因為移動平均線只以收盤價來計算，KD 線除了收盤價之外，還有最高價與最低價，對於短期測試市場趨勢，KD 線會更靈敏。如果行情是一個明顯的漲勢，會帶動 K 線與 D 線向上升。通常 KD 值在 80 以上被視為超買區，表示行情過熱，這時候投資認購權證就要注意賣點了；當 KD 值在 20 以下則視為超賣區，表示個股即將反轉向上，這時候認購權證就要注意買點了。

此外，當 K 值大於 80，D 值大於 70 時，表示當日收盤價是偏高的價格帶，因此是超買的狀態；當 K 值小於 20，D 值小於 30 時，表示當日收盤價是偏低的，是超賣狀態。當 D 值跌至 15 以下時，意味市場可能過分恐慌，個股是嚴重超賣，通常這是認購權證的買入訊號；當 D 值超過 85 以

上時，表示市場處於瘋狂之中，投資人不理性，是嚴重的超買現象，這時候就是認購權證的出場訊號了。

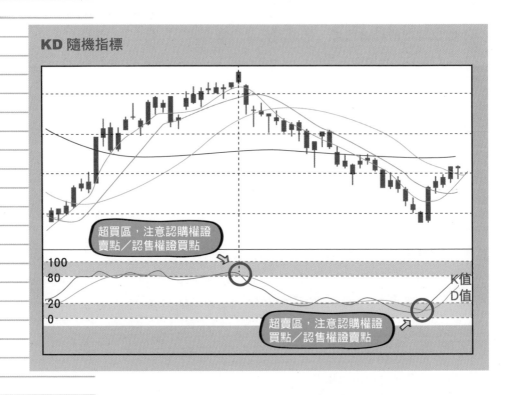

**KD 隨機指標**

超買區，注意認購權證
賣點／認售權證買點

100
80
20
0

K值
D值

超賣區，注意認購權證
買點／認售權證賣點

**Q** KD線是不是也會有所謂的黃金交叉和死亡交叉？它是不是也等於是一種買進或賣出的訊號？

**A** 沒有錯。由於 D 值較 K 值平緩，因此當 K 值在超賣區從下向上穿越 D 值時，就是俗稱的黃金交叉，顯示目前個股是向上漲升的趨勢，被視為是認購權證的買進訊號；而當 K 值在超買區從上向下跌破 D 值時，這就是俗稱的死亡交叉，顯示目前股價是向下跌落，被視為是認購權證的賣出訊號。對於盤勢以及交易熱絡的個股，通常 KD 值反應會較敏銳，買賣訊號出現較頻繁，而且有時候瞬間即逝，不一定拿捏得準，建議投資人還是與其他指標一起使用來增加準確性；但是交易冷淡的個股，KD 值就不適用了。

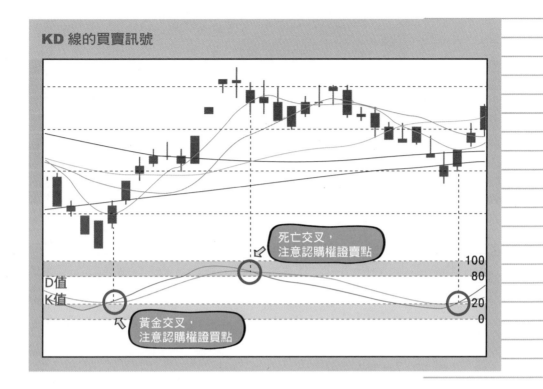

**KD 線的買賣訊號**

除了黃金交叉和死亡交叉之外，KD 值也是不是也會有背離情況？

是的，當 KD 值發生背離，就是趨勢反轉的徵兆。以下頁的 KD 隨機指標背離圖為例，當股價突破某一個高點，但 KD 指標卻沒有更高，反而比前一波的高點還低；另一種情況是 KD 值雖然突破前一波的高點，但股價卻是下跌趨勢，這就是背離現象。

背離還分兩種情況，一種是高檔背離，另一種是低檔背離。高檔背離的情況是當股價創新高，但 K 值卻沒有跟著創新高，這時候投資人應該準備賣出認購權證，千萬不可再進場；低檔背離的情況是當股價創新低，但 K 值卻沒有跟著創新低時，投資人可以逢低買進，進場撿便宜買進認購權證。

此外，當 K 值和 D 值上升或是下跌的傾斜度趨緩時，也是趨勢反轉的徵兆！很多心急的投資人，會提早趁 KD 線

在下方趨緩時就進場，運氣好的投資人也許可以買到低點，但萬一是在超跌的情況下，KD 線鈍化，很容易偷雞不著蝕把米，買到盤整的股票。所以，投資人最好在黃金交叉時才買入認購權證，才比較安全，不會白白耗掉時間價值。如果在黃金交叉，K 線穿越 D 線向上數天之後，個股價不漲、量不增，K 線又要向下時，就要儘快賣出認購權證，以免跌勢開始、來不及出脫。

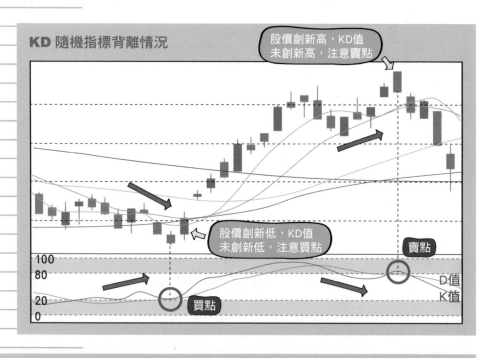

訊號 3：**KD** 指標訊號圖

| 如何判斷進出場訊號？ | |
|---|---|
| 認購權證進場訊號<br>認售權證出場訊號 | K 值 > D 值 |
| 認購權證出場訊號<br>認售權證進場訊號 | K 值 < D 值 |
| 指標鈍化：在極度強勢的多頭和空頭情況，超買和超賣情況會成為常態，因此 KD 值的會長期處於 80 的超買區，或是長期處於 20 的超賣區，此為 KD 鈍化現象。 | |

**Q** **RSI 相對強弱指標是不是也具有尋找期切入點的功能？**

**A** RSI 相對強弱指標對於個股超買和超賣狀況，以及測探股價底部有顯著的作用。它計算某一段時間內買賣雙方力量，也就是說以一段時間之內的平均收盤漲幅和平均收盤跌幅來分析市場的走向，得到的數值，可以拿來作為超買、超賣的參考。

通常 RSI 使用的參數（基期天數）也會影響數值結果；如果設定的時間太短，RSI 指標就會太敏感，如果設定的時間過長，也會顯得遲鈍，因此，多數軟體的設置會選定 5 日、10 日、20 日來當作參數，投資人也可以自行更改參數。而 RSI 相對強度的數值在 0 ～ 100 之間，數值愈高，表示買氣愈旺；數值愈低，表示個股乏人問津。萬一個股處於極端的情況，例如：當盤勢全面連續上漲時，會導致 RSI 趨近上限 100；反之，會導致 RSI 趨近下限 0。

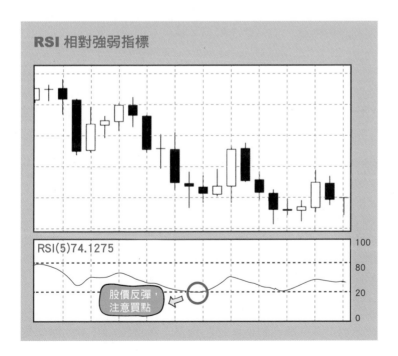

— 163 —

**Q** 以 RSI 指標為例，它的進出場訊號又是如何？

**A** 當 RSI 數值低於 20，代表股價處於超賣情況，股價有反彈契機，投資人可以逢低搶進認購權證；當 RSI 數值介於 20 到 80 之間，屬於正常交易情況；當 RSI 數值超過 80，就表示股價有超賣現象，股價隨時會反轉直下，投資人應該出脫認購權證。

不過，RSI 因為基期天數的不同，所以呈現的數據也就不一樣了！一般來說，當短天期的 RSI 均線在 20 附近，由下往上穿越長天期的 RSI 均線時，就代表股價最近有連續性的漲幅，這時候就是認購權證買進訊號；相反地，當短天期的 RSI 均線在 80 附近，由上往下穿越長天期的 RSI 均線時，就代表股價開始下跌，這時候就是認購權證賣出訊號。

另外，我們也可以利用 RSI 觀察多頭和空頭的行情。例如：3 日 RSI ＞ 5 日 RSI ＞ 10 日 RSI ＞ 20 日 RSI……，顯示市場是處於多頭行情，可以選擇認購權證；反之則為空頭行情，可以選擇認售權證。 這一點就和 MA 移動平均線很類似。

**Q** 如果股價有反轉跡象，RSI 指標會如何呈現？

**A** 當股價從超買區極速掉落 30 左右，或者當股價急速拉抬到 70 左右，這就是強烈又明顯的反轉信號。此外，因為 RSI 的理論基礎是建立在漲幅和跌幅上，因此，當 RSI 發生背離的情況也是反轉信號。

如果股價創新高，但是 RSI 卻沒有創新高，就表示漲勢後繼無力，投資人可以開始尋找認購權證的賣點了；如果股價創新低，但是 RSI 卻沒有創新低，就表示已經跌夠了，可能開始要反轉，投資人可以準備進場買認購權證。

但是，RSI 指標也會有鈍化現象，當股市大漲或是大跌時，RSI 值會進入超買區和超賣區，即使價位持續大漲或是大跌，但 RSI 指標卻只有微幅增加或減少。因此在極端的牛市或是熊市中，RSI 指標是不適用的。

**觀念速解**

**鈍化**

技術分析指標來到高檔，已經不能再上升了，但是股價卻還是節節昇高；或者技術分析指標跌到不能再跌了，照道理股價應該回升，但股價卻一跌再跌……這種情形就稱為技術指標的「鈍化」。指標鈍化最常出現在 KD 值、RSI 值等。

## RSI 值計算公式

1. 先求一段時間之內的漲幅：

$$Up = \frac{過去 N 日內上漲點數總和}{N}$$

2. 再求一段時間之內的跌幅：

$$Down = \frac{過去 N 日內下跌點數總和}{N}$$

3. 漲幅除以跌幅的百分比，即為 RSI 值

$$RS = \frac{Up}{Down}$$

$$N 日 RSI = 100 - \frac{100}{1+RS}$$

## 訊號 4：RSI 指標訊號圖

| 如何判斷進出場訊號？ | |
|---|---|
| 認購權證進場訊號<br>認售權證出場訊號 | RSI（5）> RSI（10） |
| 認購權證出場訊號<br>認售權證進場訊號 | RSI（5）> RSI（10） |

## 物極必反，BIAS 乖離率同時掌握成本與趨勢

**Q** 能夠瞭解股價行情的指標，除了 MA 移動平均線之外，是不是也可以利用乖離率來掌握市場的變動趨勢？

**A** 沒錯！因為 BIAS 乖離率就是以 MA 移動平均線為基準而衍生的指標！MA 移動平均線用來預測趨勢，乖離率則是可以測試高低點，是短期的技術分析指標。乖離率是計算股價偏離 MA 動平均線的程度，當數值愈大，代表偏離愈大。換句話說，當 BIAS 乖離率愈高，就意味著股價與平均值差距愈大。乖離率分成正乖離率和負乖離率，如果股價在平均數值以上，就是正乖離率；股價在平均數值以下，就是負乖離率；當股價與平均數值相同，乖離率為零。

以乖離率的線圖來說，它除了長天期和短天期的數據（日線、周線、月線），還多了柱狀圖。當短天期的乖離率減掉長天期的乖離率，正數的柱狀體會在水平線上方，負數的柱狀體在水平線下方。

---

### BIAS 乖離率計算公式

$$N\text{日乖離率} = \frac{\text{當天股價} - \text{最近 N 日股價}}{\text{最近 N 日股價平均數}} \times 100\%$$

---

**Q** 如何從乖離率判斷是在多頭市場？還是空頭市場？

**A** 這個道理就就如同 MA 移動平均線的概念，乖離率也會因為是採取日線、周線、月線而有不同的數值。當長天期和短天期的乖離率，三條曲線同時都是由上往下的走勢，就表示這是股價要跌的空頭信號，可以選擇認售權證；相反地，當長天期和短天期的乖離率，三條曲線同時都是由下往上的走勢，就表示股價要漲的多頭信號，可以注意認購權證。如

果其中一條的走勢和另外兩條的走勢不同，就代表股價可能會出現反彈或是回檔的情況，這個時候以觀望為宜。

**Ｑ 在明白多頭和空頭情況之後，投資人該如何運用 BIAS 乖離率，來掌握買賣的時機點？**

**Ａ** 一種方式是利用 BIAS 乖離率和 MA 移動平均線來搭配。如果 BIAS 由下往上突破 MA 移動平均線，而且 MA 移動平均線是上揚的曲線，這時候就是認購權證的買進時機；如果 BIAS 由上往下跌破 MA 移動平均線，而且 MA 移動平均線是下跌的曲線，這時候就是認購權證的賣出時機。當乖離率過大時，不適合買進認購權證；而乖離率偏低時，就不適合買進認售權證。

另一種方式就是參考乖離率的數值。如果由於乖離率因為設定的基期天數不同，有不一樣的數值，參考點也就不同。通常十日平均值的負乖離率 5% 以上，是認購權證的買進時機；正乖離率 7% 以上，則是認購權證的賣出時機。20 日平均值的負乖離率 10% 以上，是認購權證買進時機；當正乖離率在 10% 以上，是認購權證的賣出時機。60 日平均值的負乖離率 12% 以上，是認購權證買進時機；正乖離率 15% 以上，是認購權證賣出時機。

### 認購權證買賣訊號

| 參考數值 | BIAS 乖離率 | 乖離率百分比 |
|---|---|---|
| 買進訊號 | 10 日 | 負乖離率 5% 以上 |
| | 20 日 | 負乖離率 10% 以上 |
| | 60 日 | 負乖離率 12% 以上 |
| 賣出訊號 | 10 日 | 正乖離率 7% 以上 |
| | 20 日 | 正乖離率 10% 以上 |
| | 60 日 | 正乖離率 15% 以上 |

**Q 投資人該怎麼判斷乖離率的反轉訊號？**

**A** 首先來看到背離情況。當個股在漲勢當中，BIAS 的高點愈來愈低；或者當股價創新高，但是 BIAS 卻沒有創新高，這就是背離現象，代表投資人追高的意願逐漸減少，因此買盤力道減弱，股價隨時會翻盤，投資人應該趕快出場。當個股在跌勢當中，BIAS 的低點愈來愈高；又或者股價創新低，但是 BIAS 卻沒有創新低，代表投資人殺低的意願減少，賣盤力道減弱，這種背離情況代表股價隨時會反彈向上，投資人可以選擇搶進認購權證。

第二個來看乖離率的偏離情況。一般來說，當正乖離率大於 10% 時，表示股價已經比平均成本多了10%，短期獲利率已經很高了，見好就收的投資人會逢高賣出認購權證，因為這時候股價隨時會反轉急下。當負乖離率小於10%時，表示股價已經比平均成本便宜了10%，想逢低搶進認購權證的投資人可以選在這個時候進場，因為跌勢可能到了底部，股價隨時會反轉向上。

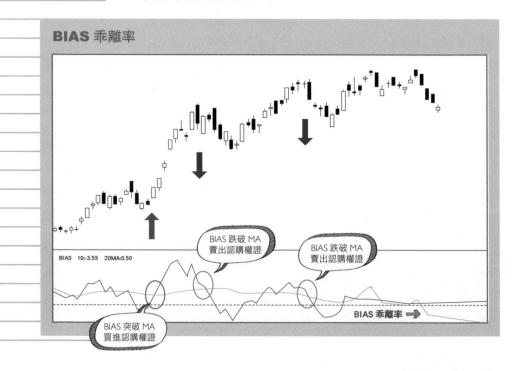

**BIAS 乖離率**

BIAS 10:-3.55 20MA:0.50

BIAS 跌破 MA
賣出認購權證

BIAS 跌破 MA
賣出認購權證

BIAS 乖離率 →

BIAS 突破 MA
買進認購權證

　　第三個是當乖離率由正轉負或是由負轉正，也都是反轉的訊號！

### Ⓠ 在哪些情況下，不適合參考乖離率的數值？

　Ⓐ 通常，乖離率在正負15％以內，比較具有投資的參考性，如果超過15%以上，很容易出現指標鈍化的現象。不過，這也要考慮產業類別，例如像是市值較小、容易被鎖定會暴起暴落的個股，就不適用乖離率。此外，有時候乖離率的買賣信號太頻繁，緊張型的投資人可能會匆忙地殺進殺出，變成墊高投資成本，投資人最好搭配 KD 值、RSI 指標，增強安全係數。還有當 MA 移動平均線糾結時，還有柱狀體的長度愈長時，通常是盤整的局勢，投資人此時不宜進出場，保持觀望即可。

# 檢視個股的籌碼面

權證的挑選，除了要瞭解連結個股的基本面之外，還得注意該檔個股技術面的變化是轉強還是轉弱？藉以選擇適當的進出時間點；畢竟權證是一個有到期日、有時間壓力的金融商品。而技術面是否轉強，還有一個面向，也是需要特別介紹的，那就是個股的籌碼面變化！因為觀察個股籌碼面的流向，可以預測該檔個股在可預期的未來，是比較偏向多頭、還是空頭走勢；既然可以預測出個股的走勢，要挑選會幫你賺錢的權證，也就多了幾分的勝算。而所謂的籌碼面，需要注意的，包括三大法人的進出量、融資融券的餘額、董監事持股等，這些變數，都可以透露出個股走勢的端倪；甚至有些變數，還可以讓你預先知道哪一家公司的業績即將有大幅度的變化，幫助你順勢操作、趨吉避凶。

- 籌碼面指標一：外資動向為主流
- 籌碼面指標二：融資融券為散戶風向球
- 籌碼面指標三：董監事持股，預告業績變化

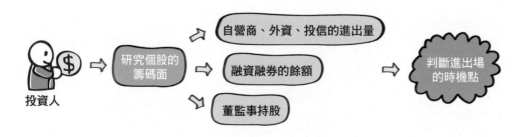

## 多頭有人賠，空頭也有人賺

**Q 權證有多空的操作策略，那麼有沒有什麼指標，可以幫助我們判別現在市場是多頭還是空頭？**

**A** 有人主張當大盤（或個股）連續上漲 20%，就算是多頭的格局；反之，則稱為空頭。但是即便現在大盤是走多頭，並不能保證就是可以進場買股票／權證的時機，一定會

獲利；同樣地，看到大盤是空頭時，也不見得一定就不能夠買股票／權證。因為在大多頭時，一樣會有人虧錢；在空頭肆虐時，也常聽到有人績效斐然。

**Ｑ** 可是如果快到季線，差一點點就突破了的話，這樣可以進場嗎？

**Ａ** 差一點點，有可能差很多喔！我會建議等到行情確立，再進場會較好。試想你想買衣服、鞋子都會一再地去試穿，非得要「合身」才會買；在買手機時，你也會上網去搜尋各種相關的資訊，猶豫著是要買 iPhone 還是要 SAMSUNG？這一、二千元或一、二萬元的商品，你都會花時間停、看、聽了，那麼一張好幾萬塊的股票，或者你打算以小搏大的權證，為什麼不能等到適當的時機再出手呢？所以，突破季線確定漲勢時再進場，才是比較保險的做法！

**Ｑ** 那麼量呢？也要一併考量嗎？

**Ａ** 當然也要參酌。有人說，價格有時候可能是被「做」出來的（例如在最後一盤，硬把價格拉上去、或者殺下來，那麼 K 線就會被改變），但是量能卻不太容易騙人。試想，如果一個市場冷冷清清的，就算攤販想要極力地拉抬自己商品的價格，可能也因為乏人問津，淪為自吹自擂的獨角戲。最後，拗不過營業時間即將截止、或者資金堆積的壓力，終究得要跳樓大拍賣、存貨大出清！相反地，如果一個場子很熱，每個參與者都摩拳擦掌、勢在必得，自然會卯足勁競標，那麼價格不隨之水漲船高也難！因此，才會有人說，股市有量才會有價，還有量先價行的道理。

所以，在我們挑選權證之前，也一定要找連結標的是很熱門、最好是目前有題材、被大家眾星拱月、每天成交量都逐日擴大的那種，勝算最大。而要找到這種市場的主流，一個簡單又有效率的方法，就是注意外資的動向。

## 看懂主流，掌握外資買賣超的動向

**Q 為什麼有時候大盤指數大漲，有些個股的股價飆得比大盤還凶？但是有些個股的股價卻是不動如山，形成「賺了指數、賠了差價」的局面？**

**A** 股市呈現上漲，是因為全體總市值加總起來，比起前一天或前幾天的總市值都要來得多，才會形成上漲的局面。可是總市值增加，有可能是所有上市公司當中的 500 家個股上漲，而其他 1000 家個股卻是下跌；但是上漲的那 500 家公司的總市值增加幅度，卻大於其他 1000 家公司總市值縮減的幅度，加總起來，整個「大盤」的總市值還是增加的情況。

臺灣「大盤指數」計算的方式，是發行量加權股價指數，它最大的特色就是──股本較大、市值較大的公司，對指數的影響會較大；股本較小、市值較小的公司，對指數的影響就較小。這也就是為什麼股本較大、市值較高的公司，會被稱為「權值股」的原因。權值股因為權重比較大，因此，不管這些個股股價是上漲還是下跌，就會影響很多點數！目前臺灣的權值股中（以 2019/10/4 收盤價計算），第一名是台積電，第二名是鴻海，第三名是台塑化，光是這三家公司股價都漲停（就是都漲了 10%），可以貢獻大盤漲點的三分之一以上，而就算其他股票價格說不定是不動如山，可是大盤最後還是收紅數十點以上！因此，指數的漲跌，只能當成是選股的參考指標之一。

**Q 有時候新聞會出現「某某外資買超哪家公司」或是「某某外資賣超哪家公司」；像這種外資買超賣超的動向，投資人該怎麼判斷它的意義？**

**A** 外資買超或賣超的動向，通常是投資人關注的焦點，有二種方式可以幫助投資人判斷。

**① 看大不看小：** 因為考慮流動性的關係，外資專挑「買得

### 元大臺灣卓越 50 基金 - 持股明細

| 股票名稱 | 比例 | 股票名稱 | 比例 | 股票名稱 | 比例 |
|---|---|---|---|---|---|
| 台積電 | 35.77 | 第一金 | 1.21 | 彰銀 | 0.73 |
| 鴻海 | 5.09 | 元大金 | 1.16 | 開發金 | 0.73 |
| 聯發科 | 3.12 | 台泥 | 1.07 | 永豐金 | 0.71 |
| 台塑 | 2.64 | 合庫金 | 1.07 | 遠傳 | 0.67 |
| 中華電 | 2.38 | 華南金 | 1.04 | 遠東新 | 0.64 |
| 大立光 | 2.29 | 臺灣大 | 1.03 | 光寶科 | 0.61 |
| 南亞 | 2.23 | 可成 | 0.94 | 和碩 | 0.6 |
| 中信金 | 2.12 | 統一超 | 0.94 | 寶成 | 0.6 |
| 統一 | 2.11 | 股票名稱 | 比例 | 亞泥 | 0.57 |
| 富邦金 | 1.84 | 聯電 | 0.88 | 研華 | 0.57 |
| 台達電 | 1.82 | 上海商銀 | 0.88 | 國巨 | 0.52 |
| 國泰金 | 1.82 | 中租 -KY | 0.87 | 正新 | 0.46 |
| 兆豐金 | 1.8 | 廣達 | 0.86 | 臺灣高鐵 | 0.45 |
| 台化 | 1.73 | 華碩 | 0.83 | 豐泰 | 0.43 |
| 中鋼 | 1.64 | 和泰車 | 0.81 | 友達 | 0.41 |
| 玉山金 | 1.6 | 台新金 | 0.78 | 中壽 | 0.4 |
| 日月光投控 | 1.39 | 台塑化 | 0.76 | 南亞科 | 0.33 |

資料日期：2019/08/31

到、賣得掉」的股票，因此外資操作的臺股通常不超過 40 檔，而且通常都是大型的權值股。由於外資的布局多半會參考 MSCI 公布的權重而做資產配置，簡單來說，就是手上目前有多少資金，就會等比例買多少股票。但是，由於外資操作的金額大，再加上臺股漲跌幅有 10% 的限制，所以考量到流動性的問題，對於籌碼少的小型股、非電子股或者易受政府政策主導的金融股，外資通常是淺嘗即止、酌量買進，甚至於能夠不買就不買，以免出脫無門。因此，考量到流動性問題，買權證當然更應該慎選標的——畢竟權證是有到期日，絕不能因為沒有流動性、出脫無門而放長的！

## 外資買賣超

| 名次 | 股票代號/名稱 | 成交價 | 漲　跌 | 買超張數 | 外資持股張數 | 外資持股比率 |
|---|---|---|---|---|---|---|
| 1 | 3481群創 | 7.10 | △0.26 | 73,220 | 2,843,487 | 28.57% |
| 2 | 2317鴻海 | 90.4 | △0.4 | 44,002 | 6,058,163 | 43.70% |
| 3 | 2882國泰金 | 43.00 | △1.55 | 25,305 | 2,792,643 | 22.22% |
| 4 | 2409友達 | 8.22 | △0.18 | 23,768 | 2,866,494 | 29.78% |
| 5 | 2888新光金 | 10.10 | △0.21 | 22,319 | 2,818,321 | 22.36% |
| 6 | 2891中信金 | 21.75 | △0.25 | 17,626 | 7,846,105 | 40.24% |
| 7 | 2881富邦金 | 45.85 | △0.90 | 15,456 | 2,756,197 | 26.93% |
| 8 | 00672L元大S&P原油正2 | 14.93 | △0.21 | 14,713 | 336,631 | 22.33% |
| 9 | 2303聯電 | 14.50 | 0 | 10,166 | 6,316,189 | 53.87% |
| 10 | 2886兆豐金 | 30.65 | △0.45 | 8,670 | 3,652,148 | 26.85% |
| 11 | 3231緯創 | 27.25 | ▽0.60 | 4,740 | 1,468,166 | 51.68% |
| 12 | 2352佳世達 | 23.00 | △0.15 | 4,013 | 437,421 | 22.24% |
| 13 | 00677U富邦VIX | 4.72 | △0.09 | 3,663 | 81,329 | 2.03% |
| 14 | 3711日月光投控 | 79.6 | ▽0.4 | 3,545 | 3,283,608 | 75.95% |
| 15 | 2887台新金 | 14.45 | △0.05 | 3,258 | 3,003,567 | 28.18% |
| 16 | 6278台表科 | 98.5 | △1.0 | 3,238 | 95,242 | 32.57% |
| 17 | 2823中壽 | 25.75 | △0.25 | 2,544 | 1,222,982 | 27.39% |
| 18 | 2330台積電 | 311 | △1 | 2,434 | 20,381,378 | 78.60% |
| 19 | 2382廣達 | 62.0 | ▽0.4 | 2,425 | 1,062,537 | 27.50% |
| 20 | 5876上海商銀 | 53.9 | △0.4 | 2,210 | 2,568,976 | 57.32% |
| 21 | 2308台達電 | 140.5 | ▽0.5 | 2,186 | 1,700,873 | 65.48% |
| 22 | 2890永豐金 | 12.70 | △0.05 | 2,155 | 3,520,525 | 31.20% |
| 23 | 4938和碩 | 61.3 | △0.3 | 2,151 | 1,062,799 | 40.69% |
| 24 | 2454聯發科 | 434 | △9 | 1,821 | 1,013,529 | 63.75% |
| 25 | 2337旺宏 | 31.40 | ▽0.30 | 1,789 | 371,885 | 20.21% |

資料來源：Yahoo! 奇摩股市

② **看買不看賣：**外資的資金來源不外乎四種──退休基金、共同基金、對沖基金和外資自營部的資金。在共同基金的部分，又以放在新興市場、區域型基金和臺港基金的部位，對臺股的影響最大；因為這些動輒數百萬到上億美元的資金流動，影響力的確不容小覷。尤其當外資是滿持股時，如果沒有到適當的價位或是因應某些特殊情況，通常不會頻繁地換股。而且光看外資一、二天的買超或賣超，其實沒有多大意義，一定要看觀察一段時間的買賣超才有參考的價值。

## 外資資金種類及其操作特性

| 資金種類 | | 全球資金估算總規模 | 投資臺股所占比例 | 資金操作特性與影響 |
|---|---|---|---|---|
| 各國的退休基金 | | 數百～數千億臺幣 | 甚少，可能不足 1% | 買進標的之後，周轉性不高，短期影響有限 |
| 共同基金 | 全球型／全球高科技類股 | 數億～數十億臺幣 | 可能會買臺灣重量級科技類股，約占 5% 以下 | 與退休基金相似，但容易受到產業循環而調整持股 |
| | 新興市場型 | 數千萬～數億臺幣 | 臺灣在新興市場的比重近年略有提升，約在一到二成左右 | 因為持有較多臺灣股票，因此短線進出之影響性較大 |
| | 區域型（大中華區） | 數千萬～數億臺幣 | 同「新興市場型」，但範圍及比重更集中在臺股市場 | 投資臺股相對較積極，因此進出也較為頻繁 |
| | 臺港股票 | 數百～數千萬臺幣 | 因為基金的投資範圍就界定在臺港，因此比重最高，有時超過五成 | 因為規模較小，所以縱使持股比重較高，影響力也不及區域性基金 |
| 對沖基金 | | 數億臺幣 | 不一定 | 熱錢的一種，所以進出頻繁，選股標的有時著重在中小型類股，對臺股有短暫影響 |
| 外資券商自營部資金 | | 數億臺幣 | 不一定 | 與對沖基金相似 |

## 買得到、賣得掉，國安基金和法人專情權值股

**Q** 難怪每次看到新聞，都會聽到國安基金、四大基金或是外資，似乎都只對權值股有興趣。

**A** 沒錯，這也就是法人和國安基金要「護盤」的時候，會去拉抬大型股票的原因。

進一步說，如果你看到大盤在上漲，不見得所有公司的股價都在上漲；也不見得你這時候進場買股票、買權證，都會賺到錢。假設現在大盤指數紅通通，社會的氛圍是「指數在上漲耶！」，一般人就會覺得場子很熱，應該有賺頭，但其實不一定是如此。

由於權值股所占的比重都很大，例如像是台積電，它是臺灣股市市值最大的公司，股價在 276.5 元（2019/10/4 收盤價），但是它發行的股數高達 259 億股（股本是 2593.04億），單單它一家公司的市值，就占大盤總市值的近一成！而畢竟國安基金、四大基金的銀彈有限，它們想要在短時間讓股市有好看的成績單（就是營造大盤的指數上漲的局面）的時候，當然選擇拉抬權值股會是最有效率的做法了。而這時候，你打算採取以小搏大的權證操作策略，就知道應該要挑選哪些標的了吧。

**Q** 外資的動態該如何解讀呢？

**A** 外資要布局臺灣的股票，通常不會去買進股本很小或是獲利能力不是很高的小型股。因為外資很注重風險控管，基本操作規範是布局「買得到，賣得掉」這種流動性很高的股票；而且外資一旦決定要買進哪一檔個股，一出手就是幾千張、幾萬張起跳的！

例如鴻海每週的成交量都在數十萬張之譜，整體外資的買進張數，可能就占其中的三成以上，然後等待恰當時機出脫。如果是那種日成交量很小，或是成交張數只有幾百張

觀念速解

**護盤**

概念是利用資金將股價維持在目標價位以上。當市場遇到重大利空，導致投資人不理性地拋售股票，股市呈現劇烈震盪時，政府就會視情況進場護盤。

的小型股，外資要買或賣幾天才能完成布局？更何況以外資「量大」的操作收法，可能會讓這些小型股一買就漲停、一賣就跌停的慘況。因此，外資選股的邏輯，首先是看市值、流動性，再來是公司的經營狀況──包括營收、獲利成帳幅度等，篩選出有潛力上漲的個股。所以，你也可以觀察外資連續買超的個股，當成是你選擇權證進出的連結標的。

## 外資及陸資買賣超彙總表

108年10月04日 外資及陸資買賣超彙總表

| 證券代號 | 證券名稱 | 外資及陸資(不含外資自營商買賣) | | | 外資自營商 | | | 外資及陸資 | | |
|---|---|---|---|---|---|---|---|---|---|---|
| | | 賣出股數 | 買進股數 | 買賣超股數 | 賣出股數 | 買進股數 | 買賣超股數 | 賣出股數 | 買進股數 | 買賣超股數 |
| 2458 | 義隆 | 17,512,000 | 1,979,700 | 15,532,300 | 0 | 0 | 0 | 17,512,000 | 1,979,700 | 15,532,300 |
| 3711 | 日月光投控 | 6,464,000 | 646,162 | 5,817,838 | 0 | 0 | 0 | 6,464,000 | 646,162 | 5,817,838 |
| 3231 | 緯創 | 8,569,000 | 3,562,000 | 5,007,000 | 0 | 0 | 0 | 8,569,000 | 3,562,000 | 5,007,000 |
| 00672L | 元大S&P原油正2 | 21,969,000 | 17,320,000 | 4,649,000 | 0 | 0 | 0 | 21,969,000 | 17,320,000 | 4,649,000 |
| 6239 | 力成 | 4,720,000 | 953,000 | 3,767,000 | 0 | 0 | 0 | 4,720,000 | 953,000 | 3,767,000 |
| 3034 | 聯詠 | 5,737,000 | 2,919,000 | 2,818,000 | 0 | 0 | 0 | 5,737,000 | 2,919,000 | 2,818,000 |
| 2449 | 京元電子 | 4,552,000 | 1,852,000 | 2,700,000 | 0 | 0 | 0 | 4,552,000 | 1,852,000 | 2,700,000 |
| 3017 | 奇鋐 | 3,522,000 | 1,030,000 | 2,492,000 | 0 | 0 | 0 | 3,522,000 | 1,030,000 | 2,492,000 |
| 3338 | 泰碩 | 4,583,000 | 2,134,000 | 2,449,000 | 0 | 0 | 0 | 4,583,000 | 2,134,000 | 2,449,000 |
| 2301 | 光寶科 | 5,704,000 | 3,339,000 | 2,365,000 | 0 | 0 | 0 | 5,704,000 | 3,339,000 | 2,365,000 |

資料來源：臺灣證券交易所

至於什麼叫做「有潛力上漲的個股」？通常在多頭的時候，會看本益比；在空頭時，則看股價淨值比。這點，我們在相關章節已有提到過。其次，外資還會關注「股東權益報酬率」。此外，外資最常操作的 20 檔臺股，就是著眼於市值夠大、成交量夠多的權值股：例如台積電、台哥大、台塑、鴻海、大立光、遠傳、台化、可成、日月光、南亞、廣達、聯發科、台達電、中鋼、中華電、中信金、國泰金、富邦金等；可以說是臺灣 50 指數中的大咖。

### Q 那麼市場上多半是法人在買的話，有什麼好處？

A 這代表籌碼比較安定，當散戶看到股價一直在上漲，就會心癢難耐，接著就會去追價，一直跳進來買，最後就會形成散戶的融資餘額增幅追過大盤的漲幅。可是就算散戶看到行情很好、機不可失，跳進來買股票，也要買得到才有可能讓行情繼續地往上燒，那麼在市場一片看好聲浪當中，又有誰會在這時候捨得賣股票呢？這時候，就變成提前上場的大戶或法人在賣股票，因此，大盤反而就漲不上去了。所以當大盤漲勢的百分比，低於融資餘額增加幅度的百分比時，你得要小心，這時候反而是危險的！這也就是股神巴菲特講的「市場貪婪時，我得恐懼；市場恐懼時，我反倒可以貪婪」的道理。當然，如果你經過多方研究之後，也可以採取認售權證的方式布局，進而獲利。

 大盤指數漲幅 ＜融資餘額漲幅 → 散戶追加、大戶出貨 → 危險
　　　　大盤指數漲幅 ＞ 融資餘額漲幅 → 法人追加 → 安定

### Q 那麼有什麼方法可以輔佐判斷？

A 「融資餘額」是很好的輔助方法。因為法人不能夠融資買股票，所以融資餘額就是有多少散戶借錢買股票的程度，也是散戶指標。融資餘額也是一個相對性的數字，因此，沒有辦法指出到達那一個量，就是所謂的「危險大量」。例如就現在大盤這個水位來看（11000點左右），大約是1600億到1800億，是相對適中的。而要想知道融資餘額是否「暴增」了，這個暴增的百分比多寡，也是相對於大盤的漲幅，例如：大盤漲了15%，融資餘額增加幅度卻高於15%，代表跳進來的散戶增量比較多，因為這些增加的散戶成交量並沒有把大盤指數同步拉抬上去，顯示有主力或大戶在趁機出貨；而如果大盤上漲20%，但融資餘額只有增加10%，代表散戶還沒

有跟上，中間差距的 10% 增幅，就很顯然是法人買上去的。所以，這檔個股未來應該還有上漲的空間──因為散戶還沒有跟上──你就可以試著買認購權證來槓桿操作。

**Ⓠ 除了三大法人的動態，投資人也時常聽到融資融券，融資融券到底有什麼作用？**

Ⓐ 融資融券（Margin Trading and Short Selling）又稱作證券信用交易，融資是券商借錢給投資人買股票，投資人必須負擔利息，而融資的這個行為，就是俗稱的「買空」。相反地，融券就是投資人向券商借股票先賣，投資人則必須返還相同種類和數量的股票，並支付借券費，而這個行為就是俗稱的「賣空」。

使用融資、融券時，投資人只需要有足夠的保證金，不需要馬上全額支付買進股票的價金，因此，許多善於以小搏大的積極型投資人，喜歡用這樣的方式去操作股票。雖然在權證市場中，不能使用融資融券，但融資融券餘額這樣的數值，卻可以拿來評估股票市場中多空的氣息，因此，要觀察個股未來是否會有波段行情，融資融券餘額是很重要的指標之一。

| 融資餘額 | 融券餘額 | 個股股價 | 市場預期 |
|:---:|:---:|:---:|:---:|
| ↑ | ↓ | ↑ | 看多 |
| ↓ | ↑ | ↓ | 看空 |
| ↑ | ↓ | ↓ | 散戶看多，大戶看空 |
| ↓ | ↑ | ↑ | 散戶看空，大戶看多 |

**Q** 剛剛講過「融券」是借股票來賣。那麼，股票是從哪裡借來的？

**A** 「融券」戶的股票是從「融資」戶買進、質押在券商的那部分借出的！所以，一定要先有一張融資，才會有一張融券。不過，假設市場上，融資餘額只有 20 張，券商也不敢借券，一定要先有一定數量的融資，券商才敢把券借出來。

**Q** 報章雜誌常寫到「融資餘額」和「融券餘額」是散戶指標，投資人該怎麼解讀？

**A** 由於融資融券是一般散戶在用的，融資餘額代表投資人融資買股票，借錢的總金額（也有用張數來衡量的）；融券餘額代表投資人融券賣股票，股票的總金額。所以，當「融資使用率」和「融券使用率」數值偏高的時候，前者代表散戶有看多的傾向，後者則為散戶看空傾向的人多。

信用交易統計

**臺灣證券交易所** 首頁 > 交易資訊 > 融資融券與可借券賣出額度 > 融資融券餘額

查詢日期：民國 107 年 ▾ 05 月 ▾ 22 日 (二) ▾ 分類項目：信用交易統計 ▾ **Q 查詢**

※ 本資訊自民國 90 年 01 月 01 日起提供

**107年05月22日 信用交易統計**

🖨 列印 / HTML ⬇ CSV 下載

| 項目 | 賣出 | 買進 | 現金(券)償還 | 前日餘額 | 今日餘額 |
|---|---|---|---|---|---|
| 融資(交易單位) | 333,711 | 291,176 | 4,316 | 9,188,537 | 9,226,756 |
| 融券(交易單位) | 23,282 | 33,854 | 249 | 378,311 | 388,634 |
| 融資金額(仟元) | 8,066,822 | 7,243,007 | 93,579 | 179,049,115 | 179,779,351 |

資料來源：臺灣證券交易所

**Q** 「融資限額」和「融資餘額」這兩個名詞，具有什麼關聯？

**A** 「融資限額」指的是某檔股票能用融資買進的限制額度，而不是發行額度！根據規定，融資限額張數是以公司資本額大小來決定的，而且限額張數是某上市公司股本的 25%，所以，融資最多可使用 25%，融券最多也可使用 25%。

假設某上市公司的資本額為新台幣 10 億，共發行 10 萬張有價證券，每張有價證券為 1000 股，發行面額為每股十元。因此，這家上市公司融資限額為 2 萬 5000 張、融券限額為 2 萬 5000 張。

**融資限額**

融資限額是指融資餘額不可以超過該公司股票發行數量的 25%。

這時候，投資人就可以觀察「融資使用率」的數值高低。融資使用率等於「融資餘額」除以「融資限額」，通常融資使用率逐漸升高，甚至大於 60％，代表著欲追價的散戶大多已進場。一般散戶在臺北股市的成交量，大約占市場六、七成左右，假設要讓股價不斷續漲，就必須要讓散戶有續追的念頭。所以，當融資使用率不斷提高時，代表已經有許多投資人手上持有股票，等著賣的人增加，此時，就會逐漸形成賣壓，一旦有人大量出脫持股，融資戶更會想趕快脫手，造成股價狂跌。既然是這種情形，你就可以考慮買該檔股票的認售權證。

相反地，當「融券使用率」不斷增加時，代表許多投資人認為股價會下跌，所以借股票來賣；如果融券餘額過高，代表會有更多人需要將股票買回來以還給券商，以免愈虧愈多，這時候軋空上漲的力道有助於該個股的漲勢，即將帶動股價上漲。既然是這種情形，你就可以考慮買該檔股票的認購權證。

 融資使用率 = 融資餘額 ÷ 融資限額

## 大股東持股銳減與常換查帳會計師，具有重大意涵

**Q 大股東的持股比例和公司更換會計師的部分，哪裡可以得到資訊？**

**A** 除了各企業的官方網站之外，投資人可以從公開資訊觀測站裡找到所有公司的重要資訊。像是年報裡都會公布董事、監察人以及主要股東的資料，包括股東持股、股權異動、

金額明細等等都會詳列。如果控制公司的股東全部都是同一家族成員，而某個時期，大股東持股比例明顯大降，尤其最大股東和次大股東接連出脫持股，出現這些情形時，都要特別留意。大股東出脫持股有很多可能性，其中一種是大股東認為公司前景欠佳，所以趁著股價大好時，賣股換現金，這時候就是一種警訊；當初博達公司和東隆五金公司在下市之前，都曾經出現這種情形！

另外，還可以關注年報附註事項的「長期投資說明」，如果長期投資占資產比率過高，而且還設立許多投資公司、與複雜的海外轉投資布局，就要特別留意！尤其當公司業績衰退、海外轉投資又持續虧損，明明就是賠錢的狀態，控制股東卻不收手，決議持續對海外轉投資，這時候，你就可以合理懷疑有掏空公司資產的可能；萬一投資公司又是設在英屬維京群島與開曼群島等避稅天堂，恐怕又是上演一場乾坤大挪移的戲碼。

再者，因為前述的手法，很難逃過查帳會計師的法眼，因此，有某些公司的大老闆就會開除「不合作」的會計師。所以，如果一家公司無端地更換查帳會計師，那麼你的敏感度也要高一點了。

也就是說，當你看到有某家公司的大股東持股銳減，或者經常換查帳會計師時，也許你可以試試看買入連結該家公司的認售權證。

**Q 股本大的公司都會有地雷股的疑慮，那股本小的公司不就更危險了？**

**A** 股本太小的股票，投資人更要小心！有個學生跟我說：「老師，某家股票好便宜，一張只要 500 元，我一口氣花了 5 萬塊買了 100 張，如果從 500 元漲到 1000 元，我就賺到了！」結果，這家公司卻下市了！通常股本小的企業，現金存款不夠多，承擔風險的能力就比較低，一旦被跳票，帳收

不回來，企業就會跟著倒。或者是被主力、股市禿鷹鎖定，惡意操作，連續幾天賣超跌停，也有可能淪為雞蛋水餃股、地雷股！如果是地雷股的話，恐怕認購權證會提早讓你嚐到歸零膏的滋味。

## 地雷股避而遠之，首重檢視負債比

**Q** 什麼叫做「地雷股」？

**A** 「地雷股」是用來形容表面安全無虞，但其實暗藏危機的股票，股價隨時會狂瀉崩盤變成一文不值的壁紙，讓投資人血本無歸。簡單來說，沒有按照證交所規範作業的公司，例如企業沒有準時公告財報；或是財務狀況有問題的公司，例如：博達公司、東隆五金公司，這些都可算是地雷股。

財報的重要性就在於，它可以顯現一家企業在一段期間的營收和獲利狀況。通常我們要從財務報表看到公司某段期間經營狀況的好壞，都在假設它是正確無誤的情況下（絕大多數的公司多半如此，只有少數居心叵測的公司才會惡意作假帳）。這裡要特別提到博達公司，是因為它假帳做得太完美，才能夠騙過所有的會計師或是專業人士。當時博達公司在香港一口氣設立五家子公司，做假帳把貨品銷售到子公司，虛增銷貨收入，再虛增銷售盈餘，結果「應收帳款」高達營收的八成以上。後來博達還在海外發行可轉換公司債，一邊發布利多消息，一邊印股票換鈔票，結果，假的「應收帳款」無法變成真的現金收入，整個事件才會曝光！

**Q** 做假帳的公司，一般人真的很難察覺；但如果是財務健全的公司，也有可能會變地雷股嗎？

**A** 另一個受到會計帳務之累造成股價狂瀉，一度成為全額交割股的，最有名的例子就是燦坤！燦坤是在兩岸三地和美國這四個地方掛牌的大公司。它在 94 年因為中國子公司的

財報，被母公司的會計師簽註「保留意見」，使得財報沒辦法過關，因此被列入全額交割股，隔天一開盤，應聲落入跌停板！

由於很多公司現在是跨國企業，各國的會計師只能保證當地的帳務是正確的，很難跨國查帳，也因此燦坤臺灣母公司的財報雖然沒有疑慮，但卻因為中國子公司的「應付帳款」有疑慮，臺灣的會計師無法實地查核，所以才會出具「保留意見」。臺灣證交所要求燦坤重編財報，直到會計師取消「保留意見」，才可恢復普通交易 。就因為沒有準時提報合併報表，被列為「全額交割股」的燦坤，股價從 40 元到 50 元左右，一度跌到剩下 20 多元。如果連股票都會有這種跌法，更何況是權證！

 一般財務報表會有「無保留意見」、「修正式無保留意見」、「保留意見」以及「否定意見」等四種，其中，後兩種代表會計師對財務數字存疑，投資人要小心！

**Q** **那麼，有沒有什麼指標可以幫助我們避開地雷股？**

**A** 第一件事情，就是從基本面來檢視這家公司的「負債比」！低負債比的公司，簡而言之，就是欠款相對於總資產的比率比較少；相對地，負債比過高就會有成為地雷股的疑慮。假設一家公司的資金來源是借錢比較多，如果大環境景氣好、行情也好的話，公司就很容易賺錢還債；萬一在景氣不好的時候，負債比過高，公司有可能度不過難關！

 負債／總資產＝負債比

**全額交割股**

簡單來説，全額交割股就是有問題的股票，它的交易方式與一般股票也不相同。一般正常交易的股票，不論買進或是賣出，都是在買賣成交之後的第二個營業日辦理交割。但若要買進全額交割股，在買進此類股票時，需先繳交全部的股款，證券經紀商才可以代為買進；反之，如果要賣出此類股票，也要先繳交全數的股票。

檢視負債比

檢視營收來源

留意營收數字，魔鬼藏在細節裡

避開地雷股

檢視個股交易面

## 現金流量增加與低負債比，遠離危險雞蛋水餃股

**Q 怎樣算負債比過高？**

**A** 負債比的高低，有時候要考量產業類別。例如：紡織、鋼鐵、電纜、電子、營建等類股，同樣是負債比高達 75 ％，可是財務狀況穩健度卻大不同；通常高科技業負債比被容許可以比較高，那是因為它賺得比較快，也可以還得快，因此重視還款能力的銀行，相對地就比較願意融資給高科技業。所以，要比較負債比的高低，一是要看同公司前期比率的高低，再來就是要看同產業在同一時間的表現，這樣才不會失準。

**Q 除了負債比外，是不是還有別的資料可以輔助判斷？**

**A** 第二步就是來看營收來源與營收狀況。假設營收來源只有一種利基型的商品，萬一這項商品褪流行了，投資人就會擔心這家公司未來如何獲利？如何立足？例如：宏碁以往的營收主要來源是筆電且來自於歐元區，可是現在歐元區是一個暴風眼，處於經濟凋敝難以復甦的情況，使得宏碁從 2011 年年初股價還在三位數，暴跌到 2011 年 7、8 月股價剩下 20 多元！另外，在營收數字的部分，還要注意是否賒帳銷貨過多。

例如：損益表是正的獲利，但是現金流量卻是負數；或者應收帳款增加的幅度大於營收增加幅度；平均收現大數與平均銷貨天數逐年上升，代表收現和銷售的速度愈來愈差。

**Q 如果商品本來沒有問題，有沒有可能是因為投資人信心不足，才引爆地雷股？**

**A** 當然有。所以，第三件事就要來看到交易面。假如市場上謠傳說某某公司要倒了，投資人聽到一定趕快出脫持股，今天賣不完，明天繼續賣；尤其外資又有停損機制，股價一旦跌破當初買進價的 15％到 20％，外資就會啟動停損機制，結果變成愈賣愈跌、愈跌愈賣，如此惡性循環。在 2010 年曾經發生道瓊指數當日暴跌 1000 點的情況，當時被稱為「胖拇指」事件，也就是新聞報導說，是某位交易員誤觸電腦按鍵，啟動賣單，但其實是某公司股價狂跌，跌破外資一開始設定的停損點，變成電腦自動砍單，強迫停損。A 券商不斷賣出的結果，造成股價持續下跌，跌到另一個 B 券商停損的限制也啟動，股價一瀉千里，道瓊指數也因此大跌千點！甚至於 2014 年 4 月的 F- 再生（1337）也曾經因為受到格勞克斯（Gluacus）提出研究報告，指稱 F- 再生財報作假，公司價值連一元都不到，也連跌了多根停板。雖然後來證實只是國際禿鷹在無的放矢，但也害慘了一票投資人！

觀念速解

**格勞克斯**

Glaucus Research Group，是美國一間專門針對國際公司作空進行研究的機構。

## 花無百日紅，強勢股崩盤前有徵兆

**Q 強勢股有沒有可能突然成為地雷股？**

**A** 當然也會。這也可以從負債比、營收以及交易層面來觀察。例如：負債比逐漸變高、營業收入銳減，股票持續賣超，員工紅利市值超過稅前淨利三分之一以上的股票；甚至只配股票股利的企業，也有可能因為配股導致股本不斷變大，獲利無法趕上，導致股價腰斬再腰斬！除此之外，像是大股東

持股比例降低；財務主管、查帳會計師連續遭到更換；又或者董事、監察人有二人以上辭職或解任，這些都是危險訊息，通常隱藏在財務欠佳或是有經營危機的公司裡。

當投資人瞭解一家公司基本面，可以依照自己的投資性格篩選不同類型的股票，進而挑精揀肥買進權證，充實自己的荷包；可是，投資人更要瞭解地雷股潛藏未爆的特性，避免自己的資產大幅度的縮水！幾個有名的例子，像是東隆五金公司遭掏空 100 億元、博達公司遭掏空 63 億元、順大裕公司遭掏空 98 億元……投資人原本以為大環境一片光明，怎麼也沒想過行情反轉，而且還是急轉直下，股票變壁紙、權證苦嚐歸零膏！閱讀財務報表可以找出優質股，當然也可以幫助投資人閃過地雷股，掌握幾個重要的訊息就能診斷出體質欠佳的企業，幫投資人保本，趨吉避凶，進而賺到錢。

# 進出場的時機點

投資理財往往受到大環境影響，所以必須瞭解幾個重要的總體經濟指標和個體經濟指標代表的意義。當這些指標或數據出爐後，就可以解讀目前大環境或是公司的未來是好是壞，例如：法說會釋放的訊號、財報公布出來數據的好壞、Fed 召開利率決策會議的會後聲明等，這些都會影響投資人持股的信心，進而影響投資人進出場時間點。而權證是個股的衍生商品，當投資人可以解析經濟趨勢變化之後，對於個股－權證進出場的時間點，才算有憑有據，不至於隨波逐流。

單元重點

- ・財報公布、法說會，掌握進出場訊號
- ・除權息，個股基本面好，有漲勢
- ・景氣對策信號，預告市場榮枯
- ・Fed 會後聲明，撼動世界股市

## 財報與法說會，進出場最佳契機

**Ｑ 有沒有哪個時間點，是投資人最值得注意的進出場時間點呢？**

**Ａ** 由於權證的標的物，多數為個股或是指數，因此，投資人選擇權證的方法，應該是先鎖定個股，再來選擇相對應的權證。而且投資人不能盲目地亂選個股，最好是先從自己熟悉的股票開始。一般來說，投資人要從股價高低、波動度深淺、權證發行條件考量，再來抓住進出場時機，才比較可靠！至於進出場時機，最簡單又有效率的時間點，第一個就是財報公布的時候。

因應會計處理準則改採 IFRSs，從 2013 年起，近 1600 家上市上櫃公司營收、財報申報大轉變。除了每月 10 日前，申報月營收改採合併營收；財報申報也改為季報、年報制，取消半年報。此外，一、二、三季季報均須於每季結束後 45 日內申報，年報則是隔年 3 月 31 日前。換句話說，首季

季報最遲必須在 5 月 15 日前申報，第二季季報在 8 月 14 日前申報、第三季則在 11 月 14 日前申報，年報則是在隔年的 3 月 31 日前。

此外，新制上路之後，如果會計師出具非無保留意見（保留式）、否定意見（否定式）或無法表示意見之查核（核閱）報告，證交所對該上市公司變更交易方法或停止買賣之處置依據，由半年報改為每季之財務報告。這也改變了以往年報、半年報，由會計師查核簽證，季報由會計師核閱；而一、二、三季之財報，均只須會計師核閱，只有年報才須經會計師查核簽證。

另外，因為淨值回升高於股本十分之三者，得取消分盤交易所依據之財務報告，從原來必須經過會計師查核，改為經會計師簽證查核／核閱即可。

### 財報新制公布日異動表

| 項目 | 申報期限 | 會計師作業 |
|---|---|---|
| 每月營收 | 每月 10 日以前，改為合併營收 | 無 |
| 第一季季報 | 改為 5/15 前 | 維持核閱制度 |
| 第二季季報 | 由半年報改為第二季季報，申報日改為 8/14 前 | 改為核閱制度 |
| 第三季季報 | 改為 11/14 前 | 維持核閱制度 |
| 年報 | 維持 3/31 前 | 改為查核簽證 |

**Q** 每到財報公布時，證交所與櫃買中心都會邀請一些公司辦法說會，這也值得關心嗎？

**A** 以往，每年 1、4、7、10 這四個月分，是企業公布財報的日子，但是新制上路之後，變成為每年的 3、5、8、11 月分，公布企業營收財報。這四個月所展現的數據，就代表企業最近期的經營成果！

一般來說，這四個月分，不只是個股交易旺盛的月分，同時也是權證買賣的旺月；尤其權證有到期日的限制，因此，財報的好壞就會牽動法人和散戶的信心。如果財報數據好，未來就看多，買認購權證就有機會賺；相反地，財報成果差，買認售權證就比較有機會在空頭時期賺一筆。

　　所以，投資人必須鎖定有興趣或是熟悉的個股，掌握財報數據公布與法說會時間點，才有機會搶得先機下單，減少時間價值的損失。

**Ｑ 如果財報和法說會是一個進出場時間點，那麼除權息是不是也應該把握？**

Ａ 當然也要把握，只不過，參加除權除息，如果沒有挑選過個股，投資人可能會面臨貼權或貼息的苦果。雖然參與「除權、除息」不一定可以讓你賺最多，不過，觀察除權除息行情，倒是可以測試市場水溫。一般來說，大型股、權值股、強勢股這三大類，除權息的行情會比較好；自然你可以買進相對應的權證。

　　投資人在參與除權息行情前，最好是要觀察前一週的股價水準，以及大盤指數的位子。如果行情一開始就很旺，市場看好股市會走多頭行情，那麼除了個股股價之外，投資人也可以關注三大法人對該個股的買賣超張數和成交量。很多個股在除權除息前一週，股價就會開始動，尤其是基本面強的個股，和漲勢強勁的個股，都會提前反應。此外，從 2018 年起，股利所得課稅方式改變，因此，有愈來愈多的有錢人不想以個股的方式參與除權息行情；取而代之的，就是買進認購權證或是存股證。

　　至於每年的除權息日何時上演？可以從臺灣證券交易所查詢就可以了。

## 除權息預告表

資料來源：臺灣證券交易所

**Q** 在除權息行情中，很多投資人會關注「融券回補」這個議題。所謂「融券回補」指的是什麼？

**A** 券商在授信期間內，客戶融券賣出的股票，萬一擔保品價值不足最低標準時，融券戶就必須在三日內補足差額；這時，融券戶就必須在市場買進股票還給券商，這就是所謂的「融券回補」，代表放空失利。

臺股每年都會上演「融券強制回補」的戲碼，一個是在股東會期間，另一個就是除權息期間，許多老手、主力會抓

住這兩個重要的期程。假設某檔個股在某段期間的融券張數很多，這時，對於市場敏感度高的老手或主力，就會先鎖定這檔個股先行買進，再注意融券強制回補的日子。因為現在放空的人，等於是未來的潛在買盤；一旦股票被拉抬上去後，再加上融券強制的回補日子一到，就順勢把股票出脫，大賺一筆。

　　至於融券張數要多少才算高？這就不一定了。因為每一檔個股可以融資融券的張數不同，所以，就沒有一個確切數字可以依循；投資人最好是參考融資融券的數據，再配合個股成交量一起觀察，這樣會比較能夠抓得到買進賣出的時間點。買進相對應的權證。

**(INFO) 融券強制回補日**

得為融資融券之有價證券，自發行公司停止過戶前六個營業日起，停止融券賣出四日；已融券者，應於停止過戶第六個營業日前，還券了結。但發行公司因下列原因停止過戶者不在此限。一、召開臨時股東會。二、其原因不影響行使股東權者。

## 景氣領先指標，預知未來景氣好壞

**(Q) 大部分投資人都是因為看好未來所以才進場，這麼說來，大環境的景氣指標是不是很重要？**

**(A)** 當然重要！股市常會因為經濟數據、原物料價格，或者是財政政策、貨幣政策等面向改變而波動，所以，投資人一定要瞭解三大景氣指標。有時候，景氣指標不只攸關基本面，它也算是短線的消息面的變化來源，常見到利多或是利空消息一經發布，立刻會在股市引起波瀾；這個時候，就是買賣權證的好時機。

　　這三大景氣指標分別是「景氣領先指標」（Leading indicator）、「景氣對策信號」（Monitoring indicator）以及「貨幣總計數 M1B」（Monetary Aggregate M1B）。

**Q 什麼是景氣領先指標？**

**A** 景氣領先指標，顧名思義，它具有領先景氣變動之特性，其轉折點常常比景氣循環的轉折點先出現，因此，可以運用本月公布的數值與過去歷史平均值（例如季平均值）相較，來預測未來景氣之變動趨勢。

景氣領先指標是由七項和景氣相關的數據組成的。外銷訂單指數、實質貨幣總計數、股價指數、工業及服務業受僱員工淨進入率、核發建照面積（住宅、商辦、工業倉儲）、SEMI半導體接單出貨比，及製造業營業氣候測驗點等七項構成項目組成，每月由國發會編製、發布。

這些龐大的資料，分別來自經濟部、央行、證交所、主計處、內政部和北美半導體設備材料協會，很多投資人對於總經指標興趣缺缺，但其實從這些數據中，可以提前瞭解產業情況，找到投資亮點。

**Q 為什麼這些數據能夠反應景氣走向？**

**A** 我們可以從外銷訂單指數，看到企業出口的接單狀況；如果這個指數持續好轉，代表未來就有好光景，對於企業來說，這就是利多消息，股價當然會上漲。再來看到實質貨幣總計數M1B，它代表市場交易的活絡情況，年增率上揚，市場的資金就會增加，代表社會大眾對未來的景氣看好，願意投入更多資金。

股價指數則通常是領先景氣變化大概六個月左右，所以，當股價指數上升的時候，當然也是一項好消息。製造業營業氣候測驗點主要可以用來觀察企業的庫存狀況；如果庫存變少，就代表經濟狀況很好，未來景氣看旺。工業及服務業受僱員工淨進入率如果增加，也是景氣好轉、經濟趨於成長的指標。而核發建照面積愈多，代表建商看好未來景氣，願意開始著手規劃蓋建物。

**觀念速解**

**接單**

就是接受訂單的簡稱。接單多，就代表企業生產量多，有機會獲利高；相反地，接單少，代表企業生產量少，獲利可能就會降低。

此外，由於半導體業可說是整個電子產業的最上游，因此，SEMI 半導體接單出貨比，可以用來觀察電子業的市場需求狀況。當這項比值大於一時，就代表半導體廠的接單狀況較前期增加，未來產業榮景可期。而當投資人瞭解景氣領先指標組成元素的定義和解讀重點之後，就比較能從數據推斷未來的景氣走向。

**INFO 景氣指標查詢系統**

國家發展委員會網站：http://index.ndc.gov.tw/n/zh_tw

---

**Q 可是這些指標和股市又有什麼關聯？**

**A** 景氣領先指標是將這七個項目加權平均之後所得出來的結果。如果指標在最近半年都是屬於上揚走勢，多半這七個組成項目大多數也是上升走勢，這就表示未來幾個月內的經濟情況可能會趨向好轉；相反地，如果指標在最近半年都是下滑走勢，或者這七個組成項目也有過半是下滑走勢的話，你可以預見未來幾個月內的經濟情況可能會繼續走下坡。

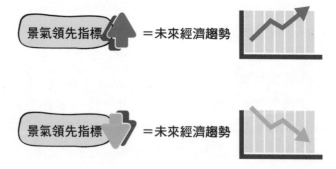

**Q** 以這些指標來判斷趨勢真的準確嗎？

**A** 一般而言，投資人可以比較本月公布的數值與過去歷史平均值（例如季平均值），來預測未來景氣之變動趨勢。當本月的景氣領先指標值小於景氣領先指標值季均線，代表未來景氣可能轉差，而且預期這個指標會再繼續下跌。當大環境不好，就算是龍頭產業也會叫苦連天，此時大多數的投資人信心不足，會開始出脫持股，股市通常也會跟著一起跌，那麼投資人就應該準備出場，或者採取買進認售權證的操作策略。

相反地，當景氣領先指標大於景氣領先指標值季均線，就代表未來景氣看好，這時候指標會上揚，股市通常也會連番紅通通，那麼投資人就可以準備進場，或者採取買進認購權證的操作策略。

| 如何利用景氣領先指標訊，判斷進出場訊號？ ||
|---|---|
| 股票進場訊號<br>（買進認購權證） | 景氣領先指標 ><br>景氣領先指標值季均線 |
| 股票出場訊號<br>（買進認售權證） | 景氣領先指標 <<br>景氣領先指標值季均線 |

## 景氣對策信號，逆勢操作股海買賣指標

**Q** 這樣說來，有預知未來景氣的意味，那麼「景氣對策信號」又是如何反應景氣？

**A** 「景氣對策信號」反映的是經濟實況，目前國發會編製的「景氣對策信號」，是根據九項指標編製而成，分別為「貨幣總計數 M1B」、「商業營業額」、「股價指數」、「工業生產指數」、「非農業部門就業人數」、「海關出口值」、「機械及電機設備進口值」、「製造業銷售量指數」、「製造業營業氣候測驗點」。國發會每個月會依各構成項目的年

**觀念速解**

**景氣領先指標值季均線**

國發會每月都會公布「景氣領先指標」數值，而將景氣領先指標每一季的數值，連接起來就是「季均線」，這也反映出整體產業每一季的景氣好壞。

變動率變化，給予分數和燈號，所以，景氣對策信號也被稱做「景氣燈號」。

　　景氣對策信號各燈號的意義不同，如果對策信號是「綠燈」，表示當前景氣穩定；「紅燈」代表景氣太過熱絡；「藍燈」表示景氣低迷；至於「黃紅燈」及「黃藍燈」二者均為注意性燈號，這時候就要密切觀察後續景氣是否轉向。

### Q 投資人該如何利用「景氣對策信號」，當作進出股市的依據？

A 先前提到，因為「景氣對策信號」反映的是經濟實況，屬於落後指標，因此在投資實戰上，反而應該是在景氣低迷時逆勢操作。也就是說，「景氣對策信號」代表市場的現狀是已經確定的現在進行式，例如：當燈號來到藍燈時，景氣確定是衰退的，這時候，連股市都低迷，你應該是進還是要出呢？

　　投資大師巴菲特說：「當別人恐懼時要貪婪，當別人貪婪時要恐懼。」紅燈很少見，而且紅燈確定是景氣大好，所以股價通常是飆高的；綠燈的時候多半是盤整時期；反而是景氣最差的藍燈出現時，可以選擇波段操作的策略。敢危機入市的投資人，需要很大的耐心和勇氣，也要有夠深的口袋，始有機會嚐到極大的投報率。但是如果使用權證當作投

| 燈號顏色 | 代表意義 | 實質意義 |
|---|---|---|
| ● | 景氣穩定 | 代表各行各業獲利頗多／穩定，大部分人都有錢可以消費 |
| ● | 景氣熱絡 | 有可能是景氣循環以達高峰，要謹慎投資 |
| ● | 景氣低迷 | 大環境蕭條，各行各業收入不定，許多人沒有穩定的工作，而缺少足額的錢可以花用 |
| ● | 景氣轉向 | 注意性燈號，要密切觀察後續景氣是否轉向 |
| ● | 景氣轉向 | 注意性燈號，要密切觀察後續景氣是否轉向 |

資工具的話，不僅資金使用率較少，也較為靈活，因此，值得我們花時間把權證學好。

## 貨幣總計數 $M_1B$，瞭解股市的資金動向

**Q**「景氣領先指標」和「景氣對策信號」中，都有「貨幣總計數 $M_1B$」，這個貨幣總計數 $M_1B$ 有什麼重要性？

**A**「貨幣總計數 $M_1B$」指的是市場上隨時可以動用的活錢，而這筆活錢，就是股市資金動能來源，通常 $M_1B$ 年增率增加，臺股就會上漲；$M_1B$ 年增率減少，臺股就會下跌或出現盤整。

**Q** M1B 為什麼是市場上可動用的活錢，和臺股會有關聯？

**A** 簡單來說，市場上的錢有些是在社會大眾的口袋裡，有些則是在金融市場（例如存在銀行）裡。如果是在社會大眾的口袋裡，隨時要用就有，可以買東西、也可以拿去投資；如果錢是放在銀行比較多，就表示想存著，拿去投資的錢就少了。

貨幣總計數 $M_1B$ 代表的是活期儲蓄存款金額，而 M2 就是 $M_1B$ 再加上定期性存款。當投資人看壞股市時，手上的資金就會從活存轉入定存，好好存著，此時 $M_1B$ 就會下滑；若股市大好時，人人都想當股民、發股財，這時候就會把定存解約、轉入活存，$M_1B$ 就因此會上揚。所以我們說，$M_1B$ 是股市的資金活水，道理便在於此。

**Q** $M_1B$ 和 M2 之間的貨幣流動，也會呈現進出場訊號嗎？

**A** 貨幣總計數 $M_1B$ 與 M2 的變化，也會出現死亡交叉或者是黃金交叉的現象，只要觀察 $M_1B$ 與 M2 彼此消長的狀況，就能明白股市資金的流動情形。當 $M_1B$ 年增率向上穿越 M2 年增率，這就是認購權證的黃金交叉，意味著股市將

有一波多頭行情，也是認購權證進場的信號。相反地，就是認售權證上場的空頭行情了！

此外，$M_1B$ 每月底公布之數值高於過去半年之指標均值，這代表認購權證多頭行情啟動；特別是 $M_1B$ 年增率從負值出現上揚的訊號，就代表臺股的趨勢，將由長空反轉為長多。同理，如果 $M_1B$ 每月底公布之數值低於過去半年之指標均值，以及 $M_1B$ 年增率從正值出現下滑的訊號，就代表臺股的趨勢將會面臨走空的局面。因此，投資人都應該多多留意這些訊息，幫助自己做好進出場的準備！

## 中央銀行的貨幣分類

| |
|---|
| $M_1A$ ＝ 通貨淨額＋支票存款＋活期存款 |
| $M_1B$ ＝ M1A（通貨淨額＋支票存款＋活期存款）＋活期儲蓄存款 |
| M2 ＝ M1B（通貨淨額＋支票存款＋活期存款＋活期儲蓄存款）＋定期存款＋定期儲蓄存款＋郵匯局轉存款 |

**Q 除了景氣指標之外，政策性的部分是不是也會牽動股價？**

**A** 貨幣政策概括性來說，就是針對「利率」和「匯率」兩者的調整；利率的部分就是升息和降息，匯率的部分則是牽涉到本國貨幣對於他國貨幣的升值和貶值。當美國政府調整貨幣政策時，會影響企業的營收和利潤；尤其是對跨國企業影響更大，美國股市也因此隨之漲跌。

所以，瞭解貨幣政策，就可以明白股市為何而漲？為何而跌？而股市是經濟的櫥窗，當經濟問題改善之後，國家的經濟情況好轉，使得人民願意消費，因此，在股票市場上掛牌的公司才普遍有機會獲利；而企業一旦獲利，會促使股價上漲，股民們賺到錢後，更願意投資股票，代表股民對這間公司的未來前景看好。如此而啟動良性循環，多頭走勢於焉

成形；你就可以選擇買進認購權證了。

**Q** 是不是可以先解說利率，它有什麼重要性嗎？

**A** 其實，利率最主要的意義，就是它會影響資金成本。央行會利用公開市場操作和調整利率來達到控制資金在市場的流通量。當市場資金過剩或是景氣過熱，這時候，貨幣主管機關（一般就是央行）會採行緊縮性的貨幣政策（就是啟動升息循環），通常的做法之一，會是透過公開市場賣出有價證券，或是發行定期存單，讓錢回流到央行。

於是，金融機構在央行的存款減少，如此將削弱金融機構放貸能力。相反地，如果央行想提振景氣，則可以透過公開市場買進金融機構持有央行認可之有價證券，將錢釋放出來，讓市場資金寬鬆。因此，當貨幣的供給量大於需求量，利率就會下降；而當貨幣市場上的需求量大於供給量時，利率就會上升。

**Q** 景氣好壞跟利率有關聯嗎？

**A** 舉例來說：不景氣的時後，企業可能裁員，或是放無薪假，甚至有可能倒閉，人們因為擔心收入不濟，因此，多數人的投資和消費意願都很低，也不願意花錢；也因為不景氣，大家很少消費，所以，商品銷售情況很差，導致很多存貨，企業就不會再繼續投資（擴充廠房、添購機械設備……），自然也用不著借錢。還有一種狀況，就是想借錢的企業或民眾，無法提供還款能力的保證，想當然爾，也是借不到錢。在大家都不想消費的情況下，手上有錢的人就會先存到銀行裡，所以，貨幣的供給就增加、需求就減少了。然而銀行裡的存款愈來愈多，但是要借貸的企業和民眾卻愈來愈少，因此，利率也隨著降低了。

相反地，景氣好的時候，民眾消費的意願較強，因此企

業生產的商品容易產生供不應求的情況；所以，企業有動機去添購機械設備，投資人也看好企業的獲利能力，會把閒錢拿去投資股市；而如果企業或投資人因為資金不足，也會跟金融機構貸款。當借錢的人多了，利率也因此隨之上升。總而言之，當貨幣的供給量大於需求量時，利率就會下降；反之，利率就會上升。但是，經濟學上關於利率的討論，分成很多種（例如重貼現率、存款準備率、同業拆款利率等），對於市場的影響層面並不一樣；因此，當央行宣布調升或是調降「利率」時，我們應該先搞清楚，到底是哪一種「利率」才是。

## 貨幣政策及其影響

| | 寬鬆性貨幣政策 | 緊縮性貨幣政策 |
|---|---|---|
| 目的 | 提振股市與經濟 | 降溫股市與經濟 |
| 方式 | · 降息：調降聯邦基金利率／法定存款準備率／重貼現率<br>· 增加貨幣供給量：政府利用公開市場操作，買入公債 | · 升息：調升聯邦基金利率／法定存款準備率／重貼現率<br>· 減少貨幣供給量：政府利用公開市場操作，賣出公債 |
| 影響 | 股市熱絡<br>景氣回溫<br>物價上漲 | 股市降溫<br>景氣下降<br>物價下跌 |

**(Q) 除了貨幣政策之外，財政政策是不是也可以影響市場？**

(A) 簡單來說，當景氣不好，政府會擴大財政支出，或者利用減稅的方式，讓民眾有較多的閒錢可以消費，來刺激總產出；相反地，當景氣過熱，政府就會減少支出，或利用加稅來縮減民眾的可支配所得，好讓市場熱錢減少，這就是緊縮性的財政政策。

財政政策包含擴張性的財政政策或緊縮性的財政政策。

擴張性的財政政策，有人俗稱是灑錢救經濟，也就是政府透過增加「鐵公基」——鐵路、公路、基礎建設——的預算，透過啟動興建重大建設、擴大內需來振興經濟，也趁此增加就業機會，對於當年度的 GDP 自然有一定的拉抬作用。第二種是減稅。本來你賺 100 元，以前要繳 30 元的稅，可支配的金額就剩下 70 元；當政府降稅率，變成只要繳 15 元的稅時，那麼你的可支配的金額就會提高到 85 元，人民有較多的錢可以花用，當然也能達到提振經濟的效果。緊縮性的財政政策也有兩種：一種是「撙節支出」，此時 GDP 中的政府支出就會降低；另一種是「加稅」，這樣人民可支配運用的金錢就變少了，消費力道也就變弱了。

整體來說，財政政策和貨幣政策各有優勢：財政政策通常流程比較多、比較慢，因為要增加的經費要經過國會同意，所以曠日廢時；貨幣政策的實施則會比較快，因為只要少數幾個人開完央行理監事會議就可以決定要降息還是升息了，唯一要擔心的是，要拿捏升降息幾碼並不容易。因此，有經濟學家說，貨幣政策就像是吃中藥，藥性溫和，隨時可

## 財政政策及其影響

| | 擴張性財政政策 | 緊縮性財政政策 |
|---|---|---|
| 目的 | 提振股市與經濟 | 降溫股市與經濟 |
| 方式 | ・減稅：調降營業稅／所得稅／贈與稅／遺產稅率等<br>・增加政府支出：推動公共建設→提高社會總需求→增加就業機會→物價逐漸上漲 | ・加稅：調升營業稅／所得稅／贈與稅／遺產稅率等<br>・減少政府支出：刪減公共建設預算→降低社會總需求→削弱就業機會→物價逐漸下滑 |
| 影響 | 股市熱絡<br>景氣回溫<br>物價上漲 | 股市降溫<br>景氣下降<br>物價下跌 |

以依病情調整下藥；但是財政政策就像是西醫進手術房開刀，需要更多的時間預先評估，但是對於根除病瘤，則會有較好的效果。

## 匯率影響跨國企業營收，股價因此受牽動

**Ｑ** 既然利率會影響市場資金的活絡性，那匯率的部分，又有什麼重要性？

**Ａ** 臺灣股市是淺碟型市場，深受國際股市——特別是美股影響。而美國的貨幣政策，是由聯邦準備系統來主導，旗下的聯邦公開市場委員會（FOMC）負責公開市場操作，聯邦準備理事會（Fed）則負責調整重貼現率及存款準備率，藉此達到刺激經濟表現。

先來瞭解一下美國的產業。美國大約四分之三的經濟以服務業為主，尤其金融、航運、保險等產業，占 GDP 的比重很高；所以，稱紐約是世界金融中心一點也不為過。礦產方面，美國擁有黃金、石油等礦產資源，不過很多其他的能源是來自於外國進口。農業方面，主要農產品以玉米、小麥、糖和菸草為大宗，中西部的大平原更是世界糧倉，外銷全世界。至於旅遊業部分，美國排名世界第三！（讀者可以參閱《3 天搞懂美股買賣》）

當你瞭解美國主要產業的時候，才會明白當匯率產生變化時，哪一些主要是進口或是出口的產業，將會受到牽動！現在大多數的國家，都是以進出口貿易為主要的經濟成長來源，因此匯率的變動會影響到一國的經濟力，因為它左右跨國企業的營收，進而影響股價；所以，各國的央行都致力於調控一國貨幣相對於他國的相對價值，這也就是所謂的匯率。

簡單來說，該國的貨幣相對於貿易對手國貶值可以救出口，升值可以救進口！

以美國的農產品為例，它是以出口為主。當美元相對於貿易對手國的幣值是貶值時，美國的農產品賣到他國的報價也會比較便宜，比較會受到消費者青睞，銷售成績單自然也會漂亮，出口值就會增多，這一增多也可以增加 GDP 的總產值。但是，也因為貨幣貶值，向外的購買力降低了，造成進口的原料和設備成本都會提高，這就是其不良的副作用。相反地，如果美元升值時，貨幣購買力提高，可以花比較少的錢就可以買到舶來品，進口的原料和設備價格也會相對便宜；當進口原物料等的成本降低，就會產生較佳的利潤，因此吸引外資進來投資；但也因為貨幣升值，出口商品相對變貴，賣到別國的商品，報價也會因為幣值升值而提高，反而不利出口產業在國際之間的競爭力！所以，當匯率有明顯升降時，部分的股價也會受到波動牽連，原因就是如此！

## 影響美股漲跌的重大利率

| 利率分類 | Interest Rate |
|---|---|
| 貼現率 | Discount Rate |
| 重貼現率 | Rediscount Rate |
| 存款準備率 | Required Reserve Rate |
| 法定存款準備率 | Legal Reserve Rate |
| 同業拆帳利率（聯邦基金利率） | Fed Funds Rate |
| 量化寬鬆政策 | QE, Quantitative Easing |

## 量化寬鬆政策印鈔機，美股開紅盤的強心針

**Q** 常常聽到 QE1、QE2、QE3。QE 到底是什麼？

**A** QE，是指「量化寬鬆政策」（QE, Quantitative Easing）。它為什麼這麼重要，重要到全世界都會關注？因為它是救股市和救經濟最猛的一帖藥！量化寬鬆政策是貨幣政策當中最

直接的做法——有人說，這是直接印鈔票出來給你。原本降息救經濟是很好的方式，不過，當景氣低迷，企業沒有賺錢，很多人失業，民眾和企業沒有還款能力，銀行自然不願意借錢；而市道差到沒有人消費得起，沒有獲利的跡象，企業不想投資生產，因此，也沒有人想跟銀行借錢。所以，當經濟情況如同一灘死水的時候，縱使利息降到趨近於零的情況，經濟還是沒有起色，這時，政府認為透過降息救經濟太慢了，實施 QE 直接印鈔票，把政府公債從市場買回來，把錢直接注入到市場上去，讓市場馬上就有資金可以使用，這樣對於拯救市場，是不是就會更快更直接些！因此，簡單地說，量化寬鬆貨幣政策就是央行大量的印製鈔票，藉以購買國債或符合某些評等的公司債券等方式，向市場注入超額的資金。

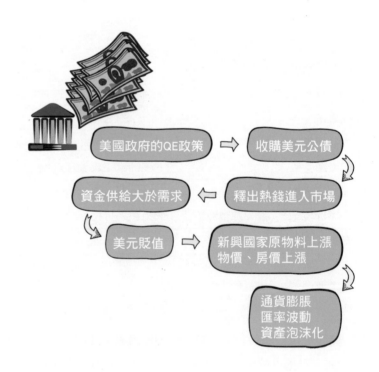

美國政府的QE政策 ⇒ 收購美元公債

資金供給大於需求 ⇐ 釋出熱錢進入市場

美元貶值 ⇒ 新興國家原物料上漲 物價、房價上漲

通貨膨脹 匯率波動 資產泡沫化

## 世界股市風向球，Fed 會後聲明透露未來景氣

**Ｑ** **有時候常常看到 Fed 發表聲明，也會牽動股市漲跌，這是為什麼呢？**

**Ａ** 美國市場除了受到財政政策和貨幣政策、總體經濟指標、企業財報、券商評等影響之外，也受到 Fed（The Federal Reserve System，中文簡稱聯準會）的會後聲明的影響。因為 Fed 除了會針對經濟情勢召開 FOMC 利率決策會議，公布聯邦基準利率的維持區間之外，也會發表對於經濟的評論和展望。

例如，Fed 於 2012 年 1 月 25 日發表會後聲明，其中提及「……雖然多項指標顯示，整體勞動力市場狀況在部分程度上進一步好轉，但失業率仍居高不下，家庭開支繼續升高，企業固定投資成長放緩，房市依然低迷……」，這樣等於是在告訴投資人目前的景氣狀況，尤其是失業率和房市的部分，對於美國來說，是很重要的課題；如果失業率居高不下，就代表民眾消費力會減弱，如此一來，企業獲利會減少，當然也會影響股市表現。

接下來再來看到 2012 年 3 月 13 號，Fed 再度發表會後聲明，其中「……勞動力市場狀況進一步好轉，失業率在最近幾個月明顯下降……企業固定投資再繼續成長……」，距離上次的報告時隔一個多月，對投資人而言，這樣的經濟解讀是加分作用，也是讓股市增加信心作用！因此，透過解讀 FOMC 利率決策會議後的聲明文，將有助於瞭解 Fed 對於市場經濟表現的看法，當然也有助於預測未來 Fed 貨幣政策的方向，對於投資人來說，也是一個重要的參考指標。

既然這些經濟數據及指標，會影響市場動態以及股票價格，投資人在買賣權證時，自然不能忽略這些數據及指標的變動趨勢。

事先演練，實際進場更順手

# 權證投資模擬網站

如果你是權證新手，好不容易搞懂一堆專有名詞，又要開始擔心實戰
的感覺太恐怖，那麼，善用網路上的權證模擬交易網站，可以讓你練
習各種市場狀況、累積操作經驗，第一次投資就有信心！

　　想要靠權證小資賺大錢之前，建議投資人可以透過模擬平台來練功。多數的
券商都有模擬平台，但只開放給已經跟它們開戶的客戶，但是仍有少數券商比較
慷慨，可以提供給尚未跟它們往來的客戶模擬操作的環境；群益證券的「全民最
大網」就有提供免費的模擬平台，供一般大眾使用。

　　值得注意的是，投資人想要下載這樣的平台，必須透過 IE 下載，使用 Chrome
下載是行不通的！

資料來源：權民最大網

　　進入「全民最大網」之後，點選中間的「模擬平台下載」，看到虛擬交易
平台的「蒐集處理及利用個人資料告知事項」，將網頁拉到最下面，先點選「同
意」，再點選「資料送出」，會再進入申請表格的網頁。

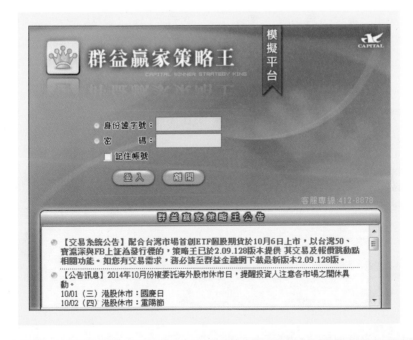

填完簡單的基本資料後，模擬平台會寄送密碼到個人 e-mail 信箱，這樣就申請成功了。

申請成功之後，登入個人身分證字號和密碼，就可以開始模擬交易權證。

進入模擬平台之後,會發現這個平台可使用的資源很多,新手們先看到中間用紅色框框圈起來的地方,選擇「98 權證」,之後整個網頁才是權證的頁面和資訊。

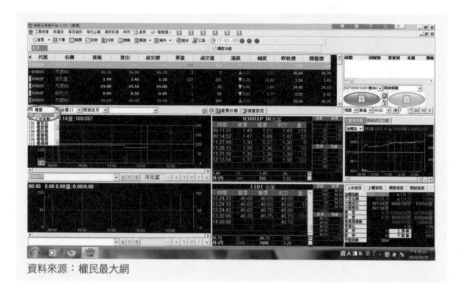

資料來源:權民最大網

假設投資人已經看中某檔權證,想要買或賣,就把滑鼠移到該檔權證,例如:把滑鼠移到「JR 元富」,然後直接按滑鼠左鍵兩下,就會再跳出有粉紅色色框的下單小幫手,選擇「買」或「賣」即可。或者是投資人另有心儀的價格,可以在「單價」的欄位選擇價格和股數,再選擇「買」或「賣」,點選「送單」的欄位即可。

資料來源:權民最大網

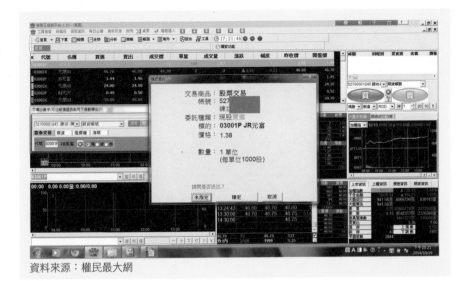

資料來源：權民最大網

　　這個模擬平台功能相當齊全，包括報價、走勢、分析……等等，如果投資人在操作上有不清楚的地方，打客服電話還有專人解說，對新手而言，是個相當方便實用的網站。建議投資人可以先在線上模擬交易，等到較為瞭解權證的遊戲規則，以及學會如何找尋相關資訊之後，再實際下單交易會比較好；畢竟真刀實劍的交易，可能會讓你賺到錢，也可能會讓你虧錢，不可不慎！

第3天
課程结束！

圖解筆記17

# 3天搞懂權證買賣（最新增訂版）
## 1000元就能投資，獲利最多15倍，存款簿多一個0！

作　　　者：梁亦鴻
責任編輯：林佳慧
視覺設計：廖健豪
寶鼎行銷顧問：劉邦寧

發 行 人：洪祺祥
副總經理：洪偉傑
副總編輯：王彥萍
法律顧問：建大法律事務所
財務顧問：高威會計師事務所
出　　　版：日月文化出版股份有限公司
製　　　作：寶鼎出版
地　　　址：台北市信義路三段151號8樓
電　　　話：(02)2708-5509 ｜ 傳真：(02)2708-6157
客服信箱：service@heliopolis.com.tw
網　　　址：www.heliopolis.com.tw
郵撥帳號：19716071 日月文化出版股份有限公司

總 經 銷：聯合發行股份有限公司
電　　　話：(02)2917-8022 ｜ 傳真：(02)2915-7212
印　　　刷：禾耕彩色印刷事業股份有限公司
初　　　版：2015年9月
二版二刷：2023年8月
定　　　價：320元
Ｉ Ｓ Ｂ Ｎ：978-986-248-848-5

**國家圖書館出版品預行編目資料**

3天搞懂權證買賣（最新增訂版）：1000元就能
投資，獲利最多15倍，存款簿多一個0！
/ 梁亦鴻著. -- 二版.
-- 臺北市：日月文化, 2019.12
216 面；17 × 23 公分. --（圖解筆記；17）
ISBN 978-986-248-848-5（平裝）
1.認購權證 2.投資
563.5　　　　　　　　　　　108018201